多元协同构建应用型人才培养体系的探究

韦相贵 主编

张科研 黎 泉 刘科明 副主编

清华大学出版社

北京

内 容 简 介

本书是作者在北部湾大学工程训练中心几年的建设过程中所思所想,就多元协同构建应用型人才培养体系所发表的相关论文。

本书涉及人才培养基地建设与管理、课程建设与教学方法探索、实践与创新能力培养、校企合作与服务地方发展等方面的内容。论文中所涉及的实践教学改革理念、观点及方法,都是作者对多年的实践教学和立德育人工作中的体验的总结。

图书在版编目(CIP)数据

多元协同构建应用型人才培养体系的探究/韦相贵主编.—北京:清华大学出版社,2021.10
ISBN 978-7-302-58088-1

Ⅰ.①多…　Ⅱ.①韦…　Ⅲ.①高等学校－人才培养－研究－中国　Ⅳ.①G649.2

中国版本图书馆 CIP 数据核字(2021)第 075681 号

责任编辑:冯　昕　赵从棉
封面设计:傅瑞学
责任校对:王淑云
责任印制:曹婉颖

出版发行:清华大学出版社
　　　　　网　　　址:http://www.tup.com.cn,http://www.wqbook.com
　　　　　地　　　址:北京清华大学学研大厦 A 座　　邮　　编:100084
　　　　　社 总 机:010-62770175　　　　　　　　　邮　　购:010-62786544
　　　　　投稿与读者服务:010-62776969,c-service@tup.tsinghua.edu.cn
　　　　　质量反馈:010-62772015,zhiliang@tup.tsinghua.edu.cn
印 装 者:天津鑫丰华印务有限公司
经　　销:全国新华书店
开　　本:170mm×240mm　　　印　张:11.75　　　字　　数:235 千字
版　　次:2021 年 10 月第 1 版　　　　　　　　　印　　次:2021 年 10 月第 1 次印刷
定　　价:58.00 元

产品编号:083534-01

  影响人才培养质量的因素是多方面的,各种问题在深层次上是交织在一起的,单一问题的解决难以保证人才培养质量的长期稳定性和本质的提高。

  工程训练已成为工程实践教育的具体表现形式。工程训练在培养学生的工程实践能力及创新能力方面,有着其他课程所不能替代的作用。本书以应用型人才培养为抓手,依托工程训练中心这一高校实训基地,围绕着"学习工艺知识,增强工程实践能力,提高综合工程素质,培养创新创业精神"的人才培养要求,结合学校发展的定位和区域发展对人才的需求,充分发挥工程训练中心在学校人才培养和转型建设中的独特作用,从加强人才培养基地建设与管理以及课程建设与教学方法、实践与创新能力培养、校企合作与服务地方发展等方面进行了以多元协同构建应用型人才培养体系为目标的相关研究,汇集了相关论文 34 篇,旨在为学校的转型发展夯实基础,为应用型人才培养提供保障。

  参与本书编写的有韦相贵、傅水根、张科研、黎泉、刘科明、贾广攀、颜晓娟、王帅帅、王海霞等。

  由于作者水平有限,若有不妥之处,诚盼批评指正。

韦 相 贵

2021 年 4 月

北部湾大学工程训练中心简介

北部湾大学工程训练中心作为校内最大公共实践教学基地,自2013年成立以来,围绕工程训练中心软、硬件建设,开展了40多项相关教学改革研究,并取得了一系列的理论研究成果和实践成果:建成工程训练中心,"先进制造技术与创新创业实训中心"被授予自治区级实验教学示范中心称号,获评钦州市"互联网＋先进制造"工程技术研究中心;组建了以技师、高级技师为主体的工程训练师资队伍,教师在第一、二、三届全国高等院校应用技术教师大赛中获得总成绩前三名,形成了产、学、研相结合的应用型人才培养和质量保障新模式;构建了工程训练系列课程教学体系,在广西率先面向全校本科生开展工程训练实践课程和大型公共选修课"跨专业科研探究";建立了应用型大学工程训练系列教材构架,主编和参编出版的3部有影响的教材和教学参考书(《金工实习指导书》《工程训练(非工科)》《工程训练(工科)》)已分别于2014年、2017年、2018年出版,《工程训练(留学生用)》已形成讲义);坚持教学改革和理论研究,在研究的基础上积极撰写发表教学改革研究论文40余篇,其中在第11届现代工业培训国际学术会议发表论文2篇,在核心期刊发表论文10多篇;开展各项相关研究,获各类成果奖近百项,获全国工程材料与机械制造基础/工程训练教学研究成果奖2项,广西壮族自治区教学成果二、三等奖各1项,山东省教学成果特等奖1项,第八届全国教学成果一等奖1项。

2016年起,北部湾大学工程训练中心面向全校文、理、工科学生开设工程训练教学,培养学生的工程素养和职业素质,每年使近4000名学生受益。几年来,我校工程训练中心经过不断探索,已形成了"以赛促建、以赛促教、以赛促学"赛、教、学结合的办学特色,指导学生参加各项比赛共获奖50多项,首次指导学生参加全国大学生工程训练综合能力竞赛广西区比赛,便获得8个一等奖和1个二等奖、2个作品代表广西参加国赛的好成绩;工程训练中心组织16支队伍作为代表队参加2018中国工程机器人大赛暨国际公开赛,获一等奖2项、二等奖3项、三等奖8项,"机器人移动项目六足竞走赛"包揽冠、亚军。

目录
CONTENTS

一、人才培养基地建设与管理

工程训练中心建设与管理问题探讨

韦相贵[1],傅水根[2],张科研[1],颜晓娟[1],曾江黎[1]

(1. 钦州学院,广西钦州,535000;2. 清华大学,北京,100084)

摘要 在分析应用型人才培养需求的基础上,探索工程训练中心建设的理念、内涵和分阶段实施方案,对工程训练中心在应用型高校转型中的重要性、功能、基础设施、队伍建设、教学管理等多方面进行研究,提出整合校内资源、搭建互联互通实践教学平台、制定培养复合型工程技术人才的举措,为应用型高校的人才培养提供实践经验和理论参考。

关键词 应用型高校;应用型人才;人才培养;工程训练;实践教学

于 2014 年发布的《国务院关于加快发展现代职业教育的决定》和《现代职业教育体系建设规划(2014—2020 年)》两个文件中,提出了发展本科层次职业教育的意见,引导我国一批本科院校逐步向以职业教育为使命的应用技术大学转型,以满足社会对技术技能型人才的需求。处于转型中的地方院校,该如何建设工程训练中心,才能助推转型发展? 这是我们亟须研究的课题。

一、应用型人才需求分析

发达国家的科技成果转化率高达 40%,为什么我国只有约 10%? 原因就出在我们有一批缺乏工程实践能力的人在搞研究,研究成果距离社会所需要的产品太远(傅水根语)。不仅如此,我国众多专利的市场转化率同样很低,原因也出于此。无论是经济转型,还是企业转型,都需要数以亿计的技术技能型人才。如今能将科技成果转化为产品的技能型人才严重缺乏,高校却没能起到应有的作用。

基金项目 教育部机械基础课程教学指导委员会/工程训练教学指导委员会 2014 教育科学研究立项项目(韦相贵主持项目 JJ-GX-jy201436、傅水根主持项目 JJ-GX-jy201402);广西区教改项目(韦相贵主持项目 2015JGA363);钦州学院教改项目(韦相贵主持项目 2014XJJG-C16、2015QYJGZ02,颜晓娟主持项目 2015QYJGB20)。

作者简介 韦相贵(1967—),男,广西桂平人,副教授,钦州学院工程训练中心主任,主要从事工程训练和教育教学管理等方面的研究。邮箱:wxg101@163.com。联系电话:15878943616。

　　我国大学扩招后,中专、大专、职高纷纷升格,大学文凭的含金量不断缩水,高校的人才培养目标与社会需求出现脱节。学校升格后各方面条件跟不上,很多建设都需要投入,而学校的经费又很有限,只能优先考虑投入少的文科类专业。如此一来,不仅使中文、财会、电子商务、法律等文科类专业的毕业生变得严重供大于求,也直接导致应用型人才数量严重不足。"大学生过剩"与"技工严重缺乏"便成了媒体及社会关注的热点话题。

　　以上分析,充分说明了社会对应用型人才的需求,也印证了那句老话"有需求,就有市场"。应用型人才的培养,离不开高水平的应用型大学。因此,努力建设好数量众多的应用型大学,培养社会所迫切需要的应用型人才,是我国高等教育的一个重要发展方向。

二、应用型高校工程训练中心的建设理念和内涵

　　如今,企业间的竞争越来越激烈,出于效益及安全考虑,企业已很难接受高校学生实习,即使勉强接受,也仅局限于"走马观花"。在当前这样的社会背景下,高校为开展实践教学不得不纷纷建立自己的工程训练中心[1],来保证学生有足够的时间和机会亲身体验实践,亲身体验动手,在实践与动手中主动地学习知识、增强能力和培养创新意识。

　　国家之所以提出一部分地方本科院校逐步向应用技术大学转型,就是为了加快应用型、技能技能型人才培养的步伐,培养更多的工程师和高素质劳动者,进而加快先进技术的创造、转移和应用。这不仅是学生个人发展的需要,是构建从中职到高职、从本科到研究生这一完整现代职业教育体系的需要,是贯彻我国创新驱动战略,实现经济发展方式转变和产业结构转型升级的需要,更是提升国家核心竞争力的需要。实现这一转型发展,建设好工程训练中心将是至关重要的因素。在我国,工程训练已成为工程实践教育的具体表现形式[2]。

　　应用型高校要建设好工程训练中心,培养应用型人才,就必须强化实践教学环节,注重能力的训练和品德的养成[3];在以工程实践教学为主线的同时,注重职业素质和职业能力的培养,积极倡导与实施理工与人文社会学科相融相通,面向全校培养学生的实践能力、工程素养、职业技能和创新思维,促进学校向应用技术大学转型发展。工程训练中心应不断充实训练内涵,不仅要有常规训练,也要有先进技术训练;不仅要有职业技能训练,也要有虚拟训练。

　　按照教育部工程材料及机械制造基础课程教学指导分委员会提出的课程教学目标,工程训练中心应建成"学习工艺知识,增强工程实践能力,提高综合素质(包括工程素质),培养创新精神和创新能力"的重要实践教学基地。

三、整合校内资源、搭建互联互通实践教学平台

　　2014 年毕业生就业对口率最高的财务会计专业仅 64.17%,生物工程和电子

信息工程专业的对口率则不足 9%[4]。大学生在大学里所学专业知识并不能真正做到学以致用。学自动化专业的不懂数控设备操作,学机械制造专业的不懂维修。一些法律、财会、管理等专业的高校毕业生,因为找不到合适的工作也回到技校学习一技之长[5]。这主要是由于我国目前学历教育与职业教育沟通不畅所造成的。

英国是学历教育与职业教育沟通最好的国家之一,学士、硕士、博士就业前都必须拿到符合相应岗位要求的职业资格证书[6]。天津职业技术师范大学的学生在完成学历教育的同时也接受了职业教育,减少了大学毕业后回炉技校的劳累和付出。应用型高校应借鉴各高校的成功经验,整合校内优质资源,搭建好工程训练中心这一互联互通的实践教学平台,加强学生的职业技能训练。

在优质资源的整合方面。目前,高校里的各种教学资源通常都在各院系,有必要在对校内资源进行充分调研的基础上,将各院系中可用于公共实践教学的实验室及与其相关的设备、课程、人员、师资等资源整合到工程训练中心。资源整合后的工程训练中心成为全校性公共实践教学平台,师资、设备等各种资源全校共享。

"互联互通"应包含两大内容:

一是训练内容及项目互联互通。不仅是机械制造、电工电子方面,结合学校的办学特色,还可包括计算机、汽车、陶艺,甚至还可以包括一些文科的实践教学。工科可以开发更具体的实践教学项目;文科类、经济类专业可以建立模拟法庭、模拟证券交易现场等;其他专业可找出一些基本技术要素进行实践教学设计[7]。给学生提供更多选择的机会,让他们通过训练考取相应的职业资格等级证书。

二是参与训练的学生互联互通。经过国内外许多高校多年的实践探索,工程训练中心已经成为技术技能型人才培养的重要基地,成为大学通识教育与工程文化相融通的重要组成部分,成为理工与人文社会学科交叉与融合的重要结合点。理工科学生要到工程训练中心参加工程训练,人文社会学科学生也要参加工程训练。如今,工程训练不仅在合肥工业大学已成为大学本科的必修课,清华大学、合肥工业大学、四川大学、中南大学等许多知名高校都已将工程训练作为学校的必修或选修课,只是不同的学科专业,学生参与训练的时间长短不同、学分不同而已。

四、制定好分阶段实施方案

应用型高校在工程训练中心的建设中难免会遇到领导重视不够、师资力量不够、硬件条件差、教学学时少、学生动手机会少、人机比和生师比不达标等诸多问题或困难,这将直接影响到工程训练的质量。因此,就要求各高校要加大设备,尤其是先进设备的投入,加强师资队伍建设,切实提高工程实践教学质量。但这不是一朝一夕就能办到的,要分清轻重缓急,制定好分阶段实施方案。

(一)制定好工程训练中心的建设规划

应用型高校各级领导要高度重视工程训练中心的建设,各相关部门要全力配合,认真做好工程训练中心的建设规划。

一是建立一套由学校学术委员会和教学指导委员会监督指导、中心主任全面负责的工程训练管理体系和安全保障体系,统筹中心的规划与建设,实现实践教学内容、人员、设备和管理的优化组合。

二是建立起一套面向全校学生的完整的实践教学体系。对于工程类学生,建立工程基础训练、先进技术训练、创新实践训练和综合素质训练等教学层次;对于非工程类学生,建立工程认知训练和工程素质训练教学层次。并以此为基础,构建起理工与人文社会学科相融通、机械与电工电子相结合、资源共享、赛课互补、服务全校和本地区的工程训练教学体系。

三是建立一套比较完整的将工程实践训练、职业技能训练融为一体,贯穿设计、制造、控制和生产保障四条主线,服务全校各专业学生的实践类和近实践类网络结构课程体系。

(二)分阶段做好师资队伍建设方案

师资队伍建设问题是工程训练中心所有问题的根源,学校要致力于建立一支以"三士"(博士、硕士、学士)为核心,以"四师"(教师、工程师、实验师、技师)为骨干,学历、学位、职称、年龄等结构比较合理的高素质师资队伍[8]。

一,高校现行的人才引进制度,大多要求硕士、博士或副高以上人员,但他们未必适合担任实践教师,而具有高级工或技师资格的大多只有本科学历或大专学历、甚至中专学历。要突出技能训练,队伍中没有一定的高级工、技师是很难有质量保证的。应用型高校要设法突破这一人事制度制约,出台相应的人才引进优惠政策,如争取政府对这部分老师给予入编的特殊政策,学校在他们没有入编前给予在编人员同等待遇。

二,师资队伍的稳定是重点,要想招聘到优秀人才,必须要有特别优惠的政策、有较好的待遇(含编制)。要留住人才、稳定队伍,必须要让教师个人的价值得到体现,要解决教师、特别是实践教师的职称问题,要积极为教师发展创造条件,如在保证工程训练的基础上,在设备采购时适当考虑老师开展研发工作所需的平台建设。

三,师资队伍不可能一下就满足工程训练中心发展的要求,要根据工程训练中心不同的发展阶段,结合各阶段参与工程训练的学生数、各专业人才培养方案中关于学生参加工程训练的学时数和各阶段工程训练中心各类设备数量,核算出各阶段所需师资人数。进而制订好引进人才分阶段实施计划,使师资队伍的学缘结构、年龄结构、学历结构愈趋合理。

（三）分阶段做好设备购置方案

工程实训设备是工程训练的又一关键因素。为突出"应用"，就需突出技能训练，就必须确保开展工程训练所必需的设备。工程训练设备通常都比较贵，一台设备少则几万元，多则几十万元，甚至几百万元，任何一所高校都不可能一次配齐能满足工程训练发展所需的设备。各校要根据各阶段到工程训练中心参加工程训练的学生人数及人才培养方案中有关工程训练学时数的要求，核算出各阶段需要的设备数量，如某工种设备数量可根据公式获得：某工种设备数量＝计划人时总数/（每台设备人数×周学时数×学期周数×设备使用系数）。在满足常规训练的同时，兼顾 3D 打印、激光雕刻、智能制造等先进加工制造，并结合"中国制造 2025"及"互联网＋"等国家战略，制订分阶段设备购置方案，做到不短缺、不浪费、较先进，使工程训练中心的资源得以有效利用。

（四）分阶段完善训练项目及内容

应用型高校应有自己的办学特色，训练项目及内容要与时俱进。根据办学定位、培养目标、专业侧重点不同，工程训练的内容应有合理设计。从简单的传统金工不断增加 3D 打印、激光雕刻、机器人及智能制造等先进制造设备；从机械制造内容逐步增加电工、电子技术内容，从机电项目逐步增加富有学校特色的实训项目；从理工内容逐步增加人文内容，利用工程训练中心平台设置跨专业科研探究课程；从简单基本训练到职业技能培训，成立职业技能鉴定机构，开展相关工种的职业技能鉴定；从创新训练到满足各种学科竞赛活动，分阶段逐步增加项目和内容，在总结竞赛题目及内容的基础上，将其完善并转化为工程训练的项目。还要积极拓展实践资源，打破理论课与实践课的界面，构筑近实践类课程[9]。先从工科开始，逐步向理科、再向文科拓展；从一、二年级逐步发展到高年级；从接纳本校学生到逐步扩展到兄弟院校；从学生技能培训逐步拓展到企业员工培训。实现工程训练中心优质资源的本地区、跨地区共享，校内、校外共享，学校、企业、社会共享。

五、结束语

工程训练中心是一个较大规模的实践教学组织，拥有独特的硬件和软件资源优势，可以培养学生的动手实践能力和科技创新能力[10]。以服务地方经济发展为目标、以培养学生的职业能力为核心，高标准、高要求快速建设好工程训练中心，将有助于提高我国应用型大学办学的整体实力，有助于推进地方高校向应用型大学的转型发展。

参考文献

[1] 傅水根.筹建清华大学工程训练中心的总体框架方案[C]//傅水根.傅水根教育教学研究

论文集(探索工程实践教育).北京:清华大学基础工业训练中心,2006:108-114.

[2] 孙康宁,傅水根,梁延德,等.浅论工程实践教育中的问题、对策及通识教育属性[J].中国大学教学,2011(9):17-20.

[3] 朱高峰.工程教育中的几个理念问题[J].高等工程教育研究,2011(1):1-5.

[4] 陈玺撼.高校专业就业对口率报告出炉:财会类最高,生物工程垫底[N].解放日报,2014-06-11(jf04-02s).

[5] 杨晓慧.5000大学生技校"回炉",文凭遭遇职业技能挑战[DB/OL].北方网 http://news.enorth.com.cn/system/2009/08/11/004156952.shtml.

[6] 刘云峰.探析大学生"回炉"技校现象[N].发展导报(太原),2014-10-24)(05).

[7] 马鹏举,王亮,胡殿明.工程实践教学的现状分析与对策研究[J].高等工程教育研究,2011(1):143-147.

[8] 朱瑞富,孙康宁,贺业建,等.综合性大学工程训练中心发展模式设计与实践[J].实验室研究与探索,2011(4):85-87.

[9] 孙康宁,傅水根,梁延德,等.赋予实践教学新使命,避免工科教育理科化[J].中国大学教学,2014(6):17-20.

[10] 梁延德.我国高校工程训练中心的建设与发展[J].实验技术与管理,2013(6):6-8.

(来源:《实验技术与管理》,2016.2)

工程训练实验教学示范中心建设

韦相贵[1],傅水根[2],黎泉[1],张科研[1],曾江黎[1],刘科明[1],刘浩宇[1],王帅帅[1]

  (1. 钦州学院工程训练中心,广西钦州,535000;

  2. 清华大学基础工业训练中心,北京,100084)

摘要 基于高等学校工程项目建设质量的要求,围绕能力培养核心,依托工程训练中心开展相关研究,建设了与国家发展相符的实训基地,建设了结构合理的师资队伍,构建了新型的工程训练教学体系,提高了学生的实践能力、工程意识和创新精神,取得了较好的教学效果,促进了工程训练中心和实验教学示范中心的建设。

关键词 应用型高校;工程训练中心;教学示范中心;工程训练;实践教学

  于 2014 年发布的《国务院关于加快发展现代职业教育的决定》和《现代职业教育体系建设规划(2014—2020 年)》两个文件中,提出了发展本科层次职业教育的意见,引导我国一批本科院校逐步向以职业教育为使命的应用技术大学转型。李克强总理在 2015 年的政府工作报告中正式提出推动"大众创业、万众创新"[1],社会迫切需要更多的具有较强工程实践能力及创新能力的人才。

  工程训练在培养学生的工程实践能力及创新能力方面,有其他课程所不能替代的作用。工程训练不只是对学生进行知识的传授和技术技能的训练,更需在实践的基础上培养学生的创新精神与创新能力,这也是我国高等教育的重要使命。处于转型中的应用型高校,如何建设工程训练中心才能适应国家及社会对人才的培养要求,应用技术型大学如何以工程训练中心为平台构建新型应用型人才培养模式,这是摆在我们面前的问题。

  钦州学院工程训练中心自 2013 年成立起,以素质教育为基础,以能力培养为核心、以工程技术技能型人才培养为目标、以创建实验教学示范中心为抓手,依托工程训练中心开展相关研究。经过 3 年建设了一支与应用型高校人才培养相符的

基金项目 教育部机械基础课程教学指导委员会/工程训练教学指导委员会 2014 教育科学研究立项项目(JJ-GX-jy201436);广西区教改项目(2015JGA363、2016JGB392、GXGZJG2016B160);钦州学院教改项目(2015QYJGB20、2016QYJGZ23、2016QYJGA16、2016QYJGB27、2016QYJGB28、2016QYJGB29、2016QYJGB30、2016QYJGB31)。

作者简介 韦相贵(1967—),男,广西桂平人,学士,教授,钦州学院实验教学示范中心主任,主要从事工程训练和教育教学管理等方面的研究。邮箱:wxg101@163.com。联系电话:15878943616。

实训基地和结构合理的师资队伍,构建了新型的工程训练教学体系,提高了学生的实践能力、工程意识和创新精神,取得了较好的教学效果,促进了工程训练中心和实验教学示范中心的建设。

一、建设与应用型大学人才培养相符的实训基地

2015 年国务院颁布的《国务院关于积极推进"互联网+"行动的指导意见》中指出,加速互联网与传统制造产业的融合,大力发展智能制造,推动云计算、物联网、智能工业机器人、增材制造等技术在生产过程中的应用,推进生产装备智能化升级、工艺流程改造和基础数据共享,构建开放、共享、协作的智能制造产业生态。新一代信息技术与制造业的深度融合,已引发从生产方式、协作模式到商业运作一系列影响深远的产业变革[2]。

为满足"中国制造 2025"对"智能制造、智能工厂、数字化车间"的人才需求,工程训练中心作为高校中重要的实践教学基地,不仅要让学生学习传统的制造工艺,还需让学生更多地了解与实践先进制造技术,如数控加工、特种加工、3D 打印等快速成型技术,使工程训练的内容与时俱进。这就要求工程训练中心必须加强软硬件建设,特别是抓好各实训室建设,将"中国制造 2025"行动纲领切实渗透到工程训练实践环节中。应用好互联网技术,以设备为硬件基础,构建远程监控平台,同时引入适于教学的、可二次开发的机器人或机械手,设定和建立新的教学内容,有助于学生在实践环节中切身体会信息技术对于制造业的影响,把握我国制造产业发展的大势所趋。

为适应制造业转型升级要求,我校工程训练中心的平台建设将紧跟国家战略,贴近行业企业人才需求,与"中国制造 2025""工业 4.0""互联网+""物联网+"等新技术紧密联系,关联云存储、大数据、智能制造,建设了面积为 1.8 万 m^2 的实训大楼,采购了 6000 多万元的实训教学设备,建成传统制造实训室、钳工实训室、焊接实训室、数控加工装调修实训室、先进制造实训室、特种加工实训室、激光加工实训室、增材制造实训室、电工工艺实训室、电子工艺实训室、电机检测实训室等 18个实训室,满足每年 4000 名学生的实践教学任务。设备和仪器配置布局以教育部要求的满足现代实验教学为切入点,遵循实用性(数量、型号、维修等)、通用性(已经得到广泛应用的通用设备)、可开发性(有利于学生的创新),并有一定的先进性与前瞻性,形成"常规制造技术与先进制造技术相融、基础训练与专业实验互补、多学科交叉渗透、竞赛培训与创新训练结合"的新模式。该模式有助于推进地方高校向应用型高校转型发展,具有一定的先进性和创新性。

二、建设结构合理的师资队伍

高水平的师资力量是保证实验教学高水准的关键,也是建设省级实验教学示范中心的主要内容[3]。我校工程训练中心以创建实验教学示范中心为契机,结合

应用技术型大学的特点进行了有效的探索,制定了有效的技能型人才引进政策,加强了对青年教师的培养,搭建起有利于青年教师成长的平台,以提高工程训练教师的职业素养和综合技能[4],全方位重视工程训练中心师资队伍建设。

工程训练中心的主要任务是实践教学,这就决定了它的师资队伍必须有较强的实践技能。通过对部分高校工程训练中心师资队伍情况进行调研,不难看出,高级技师、技师、高级工、中级工在工程训练中心的师资队伍中应占有较大比例[5]。经过几年的努力,我校工程训练中心现已建成一支以教授、副教授为核心,以工程师、技师、高级技师为主体(占部门教师比例的 55.6%),学历、学位、职称、年龄等结构比较合理,素质优良、高效精干、整体优化的工程训练师资队伍(图 1)。在第一届(2015 年)、第二届(2016 年)全国高等院校工程应用技术教师大赛中,我校以技师、高级技师为主的青年教师参赛队与 100 多所高校(其中"211""985"高校数十所)参赛队同台竞技,我们参赛的教师不仅全部都闯进了决赛,而且在决赛中分别取得了团体总分第二名、第三名的好成绩,充分说明工程训练师资队伍中,技师、高级技师的重要性。

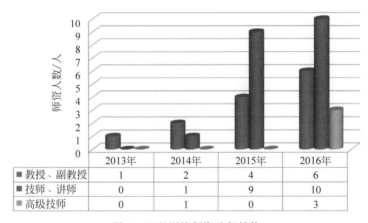

师资人数/人	2013年	2014年	2015年	2016年
■ 教授、副教授	1	2	4	6
■ 技师、讲师	0	1	9	10
■ 高级技师	0	1	0	3

图 1　工程训练师资队伍结构

三、构建新型的工程训练教学体系

工程训练是培养学生创新精神、工程意识和动手能力的重要实践环节[6],具有专业教育无法取代的实践性、整合性、创新性特点[7]。应用技术型大学工程训练中心应围绕着"学习机电工艺知识,增强工程实践能力,提高综合工程素质,培养创新创业精神"的总体目标,让学生摆脱"工程训练就是车、铣、刨、磨、钳、铸、锻工种的实际操作"的误区,改变按部就班的教学模式。积极探索符合应用技术型大学的工程训练课程体系,注重交叉学科,注重培养学生本专业以外的其他专业知识,注重机电一体化课程建设,将"我要教什么"变成"学生想要学什么",构建与"中国制造

2025"相呼应的新工程训练体系。

我校经过调查研究,针对学校二级学院不同的专业培养目标,制定了模块式的工程训练课程设置方案(表1),实现了学生自由选择训练科目,并已在新修改的人才培养方案中提出,从2016级起面向全校本科学生开展工程训练课程。在以工程实践教学为主线的同时,注重职业素质和职业能力的培养,培养学生的实践能力、工程素养、职业技能和创新思维,促进学校向应用技术型大学转型和发展。

表1　工程训练课程设置方案

序号	课程名称	教学目标	教学内容(模块)	总课时数	总学分	备　注
1	工程训练Ⅰ	面向文科:了解常规制造、了解先进制造、了解电工常识,拓展学科视野,体验工程文化,感受工匠精神	理论1天,实践操作4天(车工1天、钳工1天、铣工0.5天、焊工0.5天、先进制造及特种加工参观0.5天、电工常识及安全用电0.5天)	1周	1	教学内容可根据二级学院不同专业作适当增减
2	工程训练Ⅱ	面向理工科:公共基础,学习机电工艺知识,增强物化能力,践行工匠精神,体验技术进步	理论1天,实践操作9天(车工2.5天、钳工1.5天、铣工1天、焊工1.5天、先进制造0.5天、特种加工0.5天、电工电子技术1.5天)	2周	2	
3	工程训练Ⅲ(学生可自由选择学习模块)	与专业深度融合:了解技术集成系统,初步掌握系统思维方法,增强学科知识整合能力	工程训练Ⅲ主要根据不同专业需要设置实训课程			由若干门课程(或模块)构成,各专业可选择1门(或模块)或若干门(或模块)进行学习
4	工程训练Ⅳ(学生可自由选择学习模块)	面向创新创业:学习先进技术,感受学科交叉,培养创新思维,拓展创新创业能力	工程训练Ⅳ主要对学生进行创新训练			由若干门课程(或模块)构成,各专业可选择1门(或模块)或若干门(或模块)进行学习

工程训练中心应充分利用好丰富的设备资源所具备的物化能力，有效整合校内各种优质科研资源，努力实现校内资源的最大共享，积极倡导与实施理工与人文社会学科相融相通[8]，构建以"文、理、工多学科交叉渗透"为特色的适用于应用型大学的新型课程体系。我校通过创新创业培训的融入，科研成果向本科教学的转移，开发出具有较高水平的综合性和研究型实训课，在广西首创开设了"跨专业科研探究"大型公共选修课，深受学生好评，为各应用型高校开展交叉学科、拓展学生视野和思维空间起到示范作用，特别适用于应用型大学创新创业人才的培养。

四、实验教学示范中心建设成效

通过 3 年的建设，钦州学院工程训练中心以创建实验教学示范中心为抓手，围绕工程训练中心软硬件建设，取得了一系列的理论研究成果和实践成果。

(1) 建成与应用型大学相符的工程训练中心，结合船员培训管理体系建立了具有海洋特色的应用型人才培养和质量保障新模式，"先进制造技术与创新创业实训中心"被授予自治区区级实验示范教学中心称号，获评钦州市"互联网＋先进制造"工程技术研究中心，正建设全区数控比赛基地。我校工程训练中心已成为重要的对外展示窗口，不少区内外高校前来参观考察、交流学习。

(2) 以工程训练中心基地建设为核心开展了 39 项相关教学改革研究，作为广西唯一获得立项的研究项目"基于转型中的应用技术大学工程训练中心建设研究与实践"的研究成果被教育部工程材料与机械制造基础/工程训练教学指导委员会汇总编辑出版。傅水根、韦相贵应邀参加第十一届现代工业培训国际学术会议，并在大会上作主题发言。发表相关研究论文 25 篇，其中在第十一届现代工业培训国际学术会议发表论文 2 篇，在《实验技术与管理》《实验室研究与探索》等核心期刊发表论文 4 篇；开展了各项相关教学改革研究，获各类成果奖 68 项，其中教育部工程材料与机械制造基础/工程训练教学研究成果奖 4 项。

(3) 强化学生的技能训练和创新训练，形成了"以赛促建、以赛促教、以赛促学、以赛促创"[9]，赛、教、学、创结合的特色。近几年，教师参加全国高等院校应用技术大赛、全国多媒体教学课件大赛、广西多媒体教学课件大赛、广西青年教师教学竞赛、广西数控大赛等各种技能大赛，共获奖 32 项，其中一等奖 3 项、二等奖 13 项。通过比赛，教师的实践技能得到不断提升。我校工程训练中心教师指导学生参加全国大学生工程训练综合能力竞赛、全国大学生机械创新大赛、全国大学生机器人大赛、广西高校大学生创新设计与制作大赛、全国大学生电子设计竞赛、广西高校计算机应用大赛等学科竞赛，取得了令人瞩目的成绩，共获奖 27 项，其中一等奖 13 项、二等奖 7 项。特别是 2016 年结束的第五届全国大学生工程训练综合能力竞赛广西赛区比赛，我校第一次组队参加比赛便获得了 8 项一等奖(数量居广西各高校之首，其中一个项目包揽前 3 名)和 1 项二等奖的好成绩，2 个作品代表广西参加 2017 年的国赛(广西仅 6 个名额)，令各参赛高校刮目相看。部分参赛大四学生结合自己的参赛实际,将无碳小车的设计确定为自己的毕业设计题目。

五、实验教学示范中心建设经验

首先是学校领导的重视,这是至关重要的一点。这几年,学校高度重视工程训练中心的建设,分管副校长亲自率队到广西区内外 10 多所不同类型的高校和多个企业进行有针对性的广泛调研,学习兄弟院校工程训练中心建设的经验和企业对人才的需求。为使工程训练中心能更好地服务各二级学院,同时也到各相关二级学院进行了系列调研。这些调研工作,为我校工程训练中心的建设提供了可靠的理论依据。这几年,学校对工程训练中心的设备采购投入高达 6000 万元,几乎是全校设备采购投入最高的教学单位。

其次是专家指导。正如钦州学院特聘教授傅水根教授所说,钦州学院工程训练中心在成立之初几乎是零。在成立之初我们遇到了各种困难、问题,甚至阻力,如果没有傅水根教授这样的著名专家指导,要解决困难、排除阻力,是难以想象的。为此,我们聘请清华大学的傅水根教授、清华大学的裴文中老师和广西著名数控专家兰松云老师为特聘教授,聘请天津职业技术师范大学的张玉洲研究员为兼职教授,指导我校的工程训练中心建设。为尽快将我校工程训练中心建设成为广西一流的工程训练中心,夯实北部湾大学的筹建基础,在学校领导的支持下,2014 年学校成立了跨院校工程训练中心教学指导委员会,聘请国内工程训练领域的 3 位国家级教学名师和多位校内外专家担任委员,每年不定期召开研讨会,为工程训练中心建设出谋划策。

还有很重要的一点就是队伍建设,这是工程训练中心建设的关键[10]。我们组建了一支朝气蓬勃、战斗力强、敢于牺牲的教学团队。我们的老师为了设计、制作参赛作品,放弃了节假日,经常通宵达旦地工作。我们的实验室建设及设备采购,也常常是教师们利用业余时间进行规划、设计。如果老师们没有"吾将上下而求索"的精神、没有"众里寻他千百度"的毅力,我们很难在如此短的时间内取得这样的建设成果。

六、结束语

实验教学示范中心建设是当前提高高等教育人才培养质量的一个重要切入点[11]。创建实验教学示范中心可有效促进工程训练实训基地建设,促进工程训练课程体系建设,促进工程训练师资队伍建设,最终促进工程训练中心的全面建设,培养更多符合社会发展要求的优秀人才。

参考文献

[1]　《政府工作报告》观察:59 次提"创新"达前两年之和[DB/OL].[2016-03-08]. http://

www. gov. cn/xinwen/2016-03/08/content_5050702. htm.

［2］ 工信部：推进"互联网＋"行动指导意见的行动计划［DB/OL］.［2015-12-14］. http：//www. askci. com/news/chanye/2015/12/14/172631ldh1_2. shtml.

［3］ 张清祥.地方高校创建省级实验教学示范中心的探索与实践［J］.实验技术与管理,2013,30(8)：112-115.

［4］ 李文双,李海越,罗凤利.提升工程训练师资队伍建设水平的研究与实践［J］.实验室研究与探索,2016,35(11)：242-244.

［5］ 韦相贵,傅水根,曾江黎,等.转型高校工程训练中心师资队伍建设探讨［J］.实验技术与管理,2016,33(8)：231-233.

［6］ 于兆勤,吴福根,郭钟宁,等.基于项目驱动的现代工程训练方法研究［J］.实验室研究与探索,2012,31(8)：131-133.

［7］ 曹其新,李翠超,张培艳.中国特色的工程训练教学模式与内容思考［J］.实验室研究与探索,2016,35(1)：129-131.

［8］ 韦相贵,傅水根,张科研,等.工程训练中心建设与管理问题探讨［J］.实验技术与管理,2016,33(2)：130-132.

［9］ 童春香.以赛促教,以赛促学,以赛促建——中职会计技能大赛的实践与思考［J］.职业,2016(6)：20-21.

［10］ 韦相贵,张科研,刘浩宇,等.工程训练中心在北部湾大学建设中的作用探究［J］.钦州学院学报,2016,31(1)：70-73.

［11］ 王晓东,朱华,张亮.加强实验教学示范中心建设促进实验教学改革［J］.实验室研究与探索,2015,34(1)：150-153.

（来源：《实验技术与管理》,2017.8）

工程训练认识上的误区及其澄清

韦相贵，曾江黎，刘浩宇，王帅帅，贾广攀

（钦州学院工程训练中心，广西钦州，535000）

摘要 工程训练中心近年来在国内快速发展，但在发展过程中也出现了一些对工程训练认识上的误区。误区源于对工程训练中心的不了解，并对工程训练中心的建设造成不利影响。对工程训练误区进行澄清，统一认识，可为地方院校在转型中建设工程训练中心提供参考。

关键词 工程训练中心；认识误区；工程训练

20世纪90年代末，我国11所重点高校率先在国内建立了工程训练中心。通过工程训练中心强化学生实践教学的教学模式得到了许多高校的充分认可，并纷纷建立自己的工程训练中心。但仍有一些新建地方本科院校，从普通教师到各级领导，对工程训练还不是很了解，出现了对工程训练认识上的一些误区：工程训练主要是指金工实习；工程训练主要是服务机械专业的；工程训练与文理科无关；学生不一定要到工程训练中心学习；工程训练有两周实践时间足够了。这些认识误区不仅影响到工程训练中心的建设进程，甚至在有意无意中成为发展的阻力。本文将对工程训练认识上的误区进行澄清。

一、工程训练不等同于金工实习

有一种认识误区是工程训练主要是指金工实习。这一认识上的误区是由于对现代工程训练的内涵不了解造成的。随着社会的不断发展，现代工程训练的内涵已较为丰富。准确地说，金工实习是工程训练的重要组成部分。

20世纪末，由于得不到企业支持，我国高校学生实训、实践受到了严重影响。原来的金工实习大多在校办工厂完成，或者是比较简单的实习，只注重为理论课服务，只是对学生进行简单的动手操作培养，涉及的工程领域相对较窄，缺乏对学生

基金项目 广西区教改项目"跨学科科研探究"课程研究与建设(2015JGA363)、基于应用型大学的工程训练课程教学质量评价体系的构建与实践(2016JGB392)；钦州学院教改项目：工程训练模块化教学改革研究与实践(2016QYJGZ22)、应用型高校的实验实习实训基地建设(2016QYJGA16)、基于项目的金工实习教学改革的探究(2016QYJGB30)、"轮班制"对实训教学效果与实训设备利用优化的研究(2016QYJGB28)。

作者简介 韦相贵(1967—)，男，汉族，广西桂平人，学士，副教授，主要从事工程训练和教育教学管理等方面的研究。

进行系统的工程素质、创新能力和职业能力的培养。这种内容较为狭隘的"金工实习"显然已不能适应社会发展对工程训练的要求。经过各高校 10 多年的实践探索，如今的工程训练早已不是当初只有车、铣、刨、磨、镗、钻、锻、焊、铸等常规加工的金工实习。随着科学技术的发展，还不断有先进制造工程技术渗透进来[1]。仅机械方面的内容就增加很多，除了常规加工部分和齿轮加工、热处理外，还增加了加工中心、数控车床、数控铣床及数控冲压等数控加工内容，增加了数控电火花、线切割、激光加工及超声加工等特种加工内容，增加了 3D 打印、激光雕刻、快速制版等先进技术内容。

随着科学技术的飞速发展，工程训练内容还在不断丰富，训练规模还在不断扩大，训练空间还在不断拓展，不仅有常规金工训练，还有先进技术训练；不仅有职业技能训练，也有虚拟技术训练；不仅有机械训练内容，也有电工、电子、控制等其他训练内容；不仅有工科项目，也有文理科项目。桂林电子科技大学工程训练中心就是整合了金工实习中心、电子实习中心和计算机基础实验教学中心而组建的。山东大学工程训练中心的训练项目已由原有的 36 项增加到 151 项。

虽然工程训练源自金工实习，但工程训练在内涵及内容上已有很大不同，已不仅仅局限于工艺知识的学习和动手能力的提高，而是更注重对学生工程素质、创新能力和职业技能等综合素质的培养，并已形成完整的工程实训教学体系。可以说，我国的实践教育正逐步从传统金工实习向现代工程训练转变。不少大学已将过去仅针对大学二年级的"单层次"金工实习、电子实习拓宽为现在的面向大学一、二、三、四年级学生的"多层次"工程训练实践课程体系。在我国，工程训练已不仅仅局限于为课程教学服务，它已成为高等工程教育的重要组成部分，成为工程实践教育的具体表现形式[2]。

二、工程训练不等同于实验课

一种认识误区是学生不一定要到工程训练中心学习。这种认识或许是由于院系有自己独立的基础实验室或专业实验室造成的。然而，工程训练课程与各院系开设的基础实验或专业实验是完全不同的。将工程训练课程等同于实验课，实际上是"工科教育理科化和实践教育狭隘化"[3]的一种体现。

工程训练是一种以工程环境为背景，以工程内容为载体，以实际操作为手段的实践性训练环节[4]。工程训练中心最核心的任务是动手、实践、训练，让学生在观察中实践，在实践中思考，在思考中领悟，在领悟中成长[5]。工程训练不只具有非常重要的实践性，而且具有其他任何实验所不具有的基础性、通识性、广博性、系统性和多学科交叉性等特性。在提升学生的工程素质和培养学生的创新能力、职业能力方面，工程训练所起到的作用是其他任何教学实验与方法都不能替代的。

专业实践、实验教学环节多以巩固理论课内容为主，大多为验证性实验，即通过实验环节去体会和检验相应的理论知识。虽然工程训练与专业实践、实验教学环节都属于实践教学,但无论是教学方式,还是教学目的、教学特点,都是不同的。专业实践、实验教学环节通常是要求学生按照既定的实验方法和步骤进行,而工程训练则是使学生运用所学理论进行技能操作的训练;专业实践、实验教学环节大多是为某门课程或某个知识点而开设的,而工程训练则是一种准工程的教学实践活动。通过工程训练,学习者能够获取工程技术知识,接受工程文化的熏陶,提高工程素质,同时发现利用常规手段无法解决的问题,激发自身的实践热情与创造灵感[5]。

三、工程训练不只服务于机械专业

有人认为工程训练主要是服务机械专业的。这是一种错误的认识。由于历史的原因,工程训练中心在成立初期,主要任务确实是为机类或者近机类专业学生服务的,中心开设的实践教学内容也主要是金工实习和电工电子工艺实习,很少涉及其他的工程领域,因为当时的工业主流和社会主导产业主要是机械制造。但时过境迁,以机械制造为主的制造技术已不再是一枝独秀。工程训练中心从建设理念到训练内涵早已今非昔比。如今的工程训练中心,已成为面向全校各专业学生实施工业基础教育和工程创新素质教育的实践性教学基地,成为对大学生进行职业素质和职业技能培养的培训基地。工程训练的内容已突破了传统的机械制造,已涉及仿真技术、智能化控制技术、机器人、电子技术、环境保护和人文科学等多个学科领域。到工程训练中心接受工程训练的学生已不仅仅是机械类专业的学生,已经逐步扩展到近机类、理科类、管理类和文科类的大部分专业。

纸上得来终觉浅,绝知此事要躬行。工程训练中心作为开展工程实践教育及教学的校内平台,在高等工程实践教育中发挥着越来越重要的作用。2011—2012学年,每个国家级工程训练示范中心年均服务本校学生人数为7203人,受益学生专业数平均达到46.94个,呈现快速增长的态势[6]。

四、工程训练对文理科学生同样有必要

有人认为工程训练与文理科无关。这种错误的认识已跟不上社会发展的步伐。充分利用高校优质资源,对文理科等非机类专业学生进行必要的工程训练,不仅完全有可能,也非常有必要。

第一,文理科学生进行工程训练可以弥补缺失。众所周知,在我国现行的教育体制下,学生从小学到大学,几乎没有机会真正与社会生产和工程实践接触。如果学生在最后的学历阶段——大学也没有这样的机会,缺乏工业社会基本生活技能的他们毕业后就走向社会,连个简单的机械产品都不会修理,甚至换个灯泡都不会,显然很难适应社会发展的需要。这就需要高校给学生提供一个工程实践环境,以弥补他们在工程实践知识方面的不足。大家都明白"万丈高楼平地起"的道理,夯实基础不仅仅是专业基础,在"大工程"、学科交叉、文理工相融的大背景下,仅靠

二级学院难以独自完成基础教学、特别是基础实践教学任务,需紧密依托工程训练中心这一具有丰厚优质资源的实践教学平台[7]。通过工程训练,学生可以了解、体验相关工程技术环境,也可以了解工程技术和工程管理相关知识。工程训练不仅可培养学生们的实践能力和创新能力,还可增强学生们的工程意识,这是文理类专业课程中很难完成的。

第二,文理科学生进行工程训练可提升就业竞争力。这些年来,我们经常从媒体上看到关于大学毕业生(甚至包括"985工程"高校毕业生)回炉技校的报道。如"一些法律、财会、管理等专业的高校毕业生,因为找不到合适的工作也回到技校学习一技之长"[8]。如果对文理科专业的学生进行工程训练,使其具备一定的工程素质、职业技能和基本生存技能,必定会让他们在就业竞争中获得更多选择的机会。仅从这个意义上说,充分利用工程训练中心的优质资源,对文理科专业大学生进行工程素质训练是非常有必要的。

第三,文理科学生进行工程训练已万事俱备。目前,我国大多工科大学和综合性大学都开设了工程训练课程。随着我国高等教育改革的深入,工程训练已经形成一套完整的实践教学体系,已成为大学通识教育中与工程文化相融通的重要组成部分,成为理工与人文社会学科交叉与融合的重要结合点。工程训练中心为工科生进行人文学习和文理科学生学习工程知识提供了一个互联互通的学习交流平台。"大工程"教育理念正逐步深入人心,北京航空航天大学已将"基础工程训练"和"大学语文""高等数学""大学物理""大学英语"一起共同列为校级公共基础核心课程[9]。清华大学、山东大学、中南大学等许多国内知名高校都已将工程训练作为学校的必修或选修课,工程训练在合肥工业大学已成为大学本科的必修课[10]。

五、工程训练需有足够的时间

有人认为工程训练有1～2周实践时间就足够了。这种错误认识主要是因为对工程训练目的、内容和要求不了解。纵观全世界,各国的工程教育对技能训练都普遍重视。德国每个学生必须实习26周,苏联一般则在20周,英国要求学生到企业接受1～2年的工程实践。20世纪60年代,我国高等院校工科专业的学生在校内进行金工实习时间大多为1～2个月。而随着我国实践教学基地规模和教学内涵的不断拓展,目前学生进行工程训练时间则不断被迫压缩。有的院校仅有2周实训时间。有的即便是2周时间,因设备和师资不足,每位学生实际参加实训的时间仅有10多课时。这种"走马观花"式的工程训练,对于文科类专业的学生,作为工程认知实习都不够,对于工科类专业,说得难听点就是误人子弟。

目前,我国高校工程训练中心的资源与20年前相比已经有了很大变化,从设备数量、类型到实训项目和内容都有了大幅增加,工程训练的内涵也有了极大的丰富,教学时间的缩短必然造成学生动手实践的时间减少,学生的实践能力自然就达不到相应要求。对于丰富的工程训练资源,2 周工程训练时间,无疑是一种资源的浪费,有悖于建立工程训练中心的初衷。因此,非常有必要适当延长学生在校内工程训练基地中的实践教学时间。只有增加工程训练时间,才可能从整体上优化实践教学的安排,也可以腾出更多的时间来安排学生的综合创新实践[11]。如天津职业技术师范大学对参加职业资格考试的学生安排了 20 多周的技能训练。

为了解决内容增加与课时不足的矛盾,除了安排更多的实训时间外,工程训练中心还应面向全校学生全方位、全天候、全面开放,吸引更多学生利用周末及寒暑假等课余时间来中心进行实验、实训或创新制作活动,使工程训练中心的资源得到最大利用。

六、结束语

经过十多年的发展,工程训练中心在我国的发展已令人瞩目,且步伐还在加快。在建设工程训练中心的过程中,各高校也肯定会遇到各种问题,特别是希望依托工程训练中心加快转型步伐的地方本科院校。学校应带着问题组织有关人员到国内相关高校的工程训练中心进行考察调研,加深对工程训练中心的认识和了解,解决工程训练中心建设中遇到的各种问题。我们只有认真分析其他高校成功的经验,多多交流沟通,消除大家对工程训练的认识误区,才能轻装上阵,才能又好又快地建设工程训练中心。

参考文献

[1] 韦相贵,傅水根,张科研,等. 基于金工实习教学改革的微课制作研究与实践[J].实验室研究与探索,2016(3):222-225.

[2] 孙康宁,傅水根,梁延德,等.浅论工程实践教育中的问题、对策及通识教育属性[J].中国大学教学,2011(9):17-20.

[3] 孙康宁,傅水根,梁延德,等.赋予实践教学新使命,避免工科教育理科化[J].中国大学教学,2014(6):17-20.

[4] 赵文武,胡小平,谢东海.基于教育创新的工程训练中心建设[J].高等工程教育研究,2003(1):36-38.

[5] 傅水根,韦相贵,梁家海,等.工程实践能力助推工程技术创新研究[J].钦州学院学报,2015(11):29-35.

[6] 梁延德,王松婵,吴卓平,等.高等工程实践教育研究热点及变迁分析[J].中国大学教学,2014(9):86-91.

[7] 韦相贵,张科研,刘浩宇,等.工程训练中心在北部湾大学建设中的作用探究[J].钦州学院学报,2016,31(1):70-74.

[8] 杨晓慧.5000 大学生技校"回炉",文凭遭遇职业技能挑战[DB/OL].(2009-08-11).http://news.enorth.com.cn/system/2009/08/11/004156952.shtml.

[9] 马鹏举,王亮,胡殿明.工程实践教学的现状分析与对策研究[J].高等工程教育研究,2011(1):146-147.

［10］ 韦相贵,傅水根,张科研,等.工程训练中心建设与管理问题探讨[J].实验技术与管理, 2016,33(2)：130-132.

［11］ 周郴知,丁洪生,冯俊,等.创建国家级实验教学示范中心的探索与实践[J].中国大学教 学,2008(2)：76-78.

（来源：《钦州学院学报》,2016.10）

转型高校工程训练中心师资队伍建设探讨

——以钦州学院为例

韦相贵[1]，傅水根[2]，曾江黎[1]，张科研[1]，陈晓林[1]，刘浩宇[1]，王帅帅[1]

（1. 钦州学院，广西钦州，535000；2. 清华大学，北京，100084）

摘要　工程训练中心在新建本科院校向应用型高校转型发展中将起到关键作用，而师资队伍的建设在工程训练中心的建设过程中又起决定性作用。本文结合钦州学院工程训练中心的建设实际，从工程训练中心师资的认识误区、师资要求等问题进行探讨，提出师资队伍建设的举措，可为地方院校在转型中建设好工程训练中心提供参考。

关键词　转型高校；工程训练中心；工程训练；师资队伍

　　20 世纪 90 年代末，我国 11 所重点高校率先建立了工程训练中心，承担着几乎全校本科生的工程实践教学任务。通过工程训练中心强化工程实践教学、增强学生实践能力的教学模式得到了许多高校的充分认可，并纷纷建立自己的工程训练中心。随着国家提出一批新建本科院校向应用型大学转型的要求，各相关高校更是加快了工程训练中心的建设步伐。因此，处于转型中应用型高校工程训练中心的师资队伍建设，就显得非常重要。然而，工程训练中心在师资队伍建设过程中却出现了一些认识上的误区，以至于影响到工程训练中心的建设。本文结合钦州学院工程训练中心师资队伍建设的实际进行了探讨。

一、对工程训练中心师资队伍建设的认识误区

　　目前，不少转型高校在工程训练中心的建设过程中，特别是在师资队伍建设方面，存在着一些认识上的误区。有人认为，作为本科院校，其师资队伍应该是高学历、高职称的。理由有三：一是本科院校不同于一般的职业院校，其师资队伍应该是高水平的；二是转型院校更需要一大批高学历、高职称师资，才能上档次、上水

基金项目　教育部机械基础课程教学指导委员会/工程训练教学指导委员会 2014 教育科学研究立项项目（JJ-GX-jy201436）；广西区教改项目（2015JGA363）；钦州学院教改项目（2014XJJG-C16，2015QYJGZ02，2015QYJGB20）。

作者简介　韦相贵(1967—　　)，男，广西桂平人，学士，副教授，钦州学院工程训练中心主任，主要从事工程训练和教育教学管理等方面的研究。邮箱：wxg101@163.com。联系电话：15878943616。

平；三是可纳入教师编制的实际，本科学历几乎不可能进入高校。

之所以出现这些认识上的误区，主要是一些转型高校对工程训练中心缺乏了解，更不了解工程训练中心实践教学对师资的实际需要。

二、工程训练中心的师资要求

师强则教强，才兴则学兴[1]。在科技日新月异的今天，现代工程的综合性和创新性特征日趋明显，对未来工程师的能力也提出了更高的要求[2]。工程训练中心的主要任务是实践教学，这就决定了它的师资队伍必须有较强的实践技能。而我国高校培养的人才大多是从本科直接到硕士、博士，没有在企业生产实践的经历，缺乏工程实践能力和综合的技能训练能力[3]。通过对几所高校工程训练中心师资队伍情况进行统计（表1），不难看出，高级技师、高级工和中级工在工程训练中心的师资队伍中占有一定比例。

表1　部分高校工程训练中心人员情况统计表

高　　校	专职教师	其中	
		本科及以下学历、中级及以下职称人数	技师（含高级技师、高级工、中级工）
上海交通大学	67	29	15
大连理工大学	47	16	4
天津职业技术师范大学	104		64
桂林电子科技大学	45	31	13

从表1中可以看到，要保证工程训练的质量，师资队伍的人才结构显得尤为重要。特别是应用型高校，仅仅是高学历、高职称的师资是不够的，更应该以工程师（或技师）、高级工程师（或高级技师）作为师资队伍的主力。天津职业技术师范大学，由于技师、高级技师在工程训练中心的师资队伍中占有相当大的比重，才使得该校学生的实践能力和工程素养得到全国高校的认可。

2015年12月在杭州举行的"第一届全国高等院校工程应用技术教师大赛"上，我校工程训练中心代表学校派出参赛的7位教师全部是青年教师，而且都进入了总决赛，共获二等奖4项、三等奖1项、决赛入围奖2项，以获奖总成绩排名全国第三的骄人成绩在参赛的百余所高校中胜出，荣获"优秀组织奖"。与其他高校派出的由教授、博士组成的强大代表队不同，我校派出的7人代表队中，只有1位教师具有硕士学历，其他6位教师都是本科学历的技师。这也说明了技能型教师在工程训练师资队伍中的重要性。

工程训练是理论与实践的结合体，拥有跨学科、跨系统、跨专业和综合性的工程实践教学体系，需要团队成员以工作岗位为基础，充分发挥以实践能力为基础的专业技能，建立专业技术多元化、能力水平层次化、团队合作和谐化的工程实践教学团队[4]。

三、加强工程训练中心师资队伍建设的举措

师资队伍建设问题是工程训练中心所有问题的根本。师资队伍严重不足是转型高校在转型发展期中遇到的最大问题，以致师资队伍不能满足学校发展需要和教学质量的要求。要全面提升工程训练中心人才培养质量及服务社会的能力，要适应新建地方本科院校的转型发展，就必须从规划上制定好师资队伍建设战略，从措施上落实好师资队伍的建设，从环境上抓好师资队伍的稳定，从管理上提高师资队伍的质量[5]，建设一支以博士、硕士和学士为核心，以教师、工程师、技师和实验师为骨干，学历、学位、职称、年龄等结构比较合理[6]，素质优良、高效精干、整体优化的师资队伍。为此，学校应从下述几方面加强工程训练中心师资队伍建设。

（一）制定技能人才的引进政策

工程训练中心的核心任务是实践教学，需要制定符合工程训练中心教学需要的人才引进政策，引进一定数量的技师、高级技师和高级工程师等高技能人才和技能带头人。然而，目前我国的很多高校现行的人才引进制度，大多只能引进"双高"人员（硕士、博士等高学历或副高级以上高职称人员）。原因是多方面的，其中一个很重要的客观原因就是编制问题，因为只有引进硕士及以上学历、副高及以上职称的人才，才会有编制，才能有政府的财政拨款。"双高"人员担任理论教学工作肯定没问题，但让他们担任实践教学未必能胜任；而能胜任实践教学工作的高级工或技师，又往往只有本科学历、大专学历，甚至是中专学历。而大多囊中羞涩的地方院校需要用钱的地方实在太多，很难承担过多非财政负担的人员，自然不愿引进本科及以下学历、中级及以下职称人员。如此一来，就会出现一个"能进的用不了，能用的进不来"的矛盾。

不想承担引进本科生所需的开支，又想有好的教学质量，显然很难。要突出技能训练，队伍中没有一定的高级工、技师是很难有质量保证的。用缺乏工程实践的教师担任工程训练中心的实践教师，必定会阻碍工程教育和工程实践教育发展。舍得、舍得，有"舍"才有"得"。学校在工程训练中心的师资引进问题上不能有含糊，应用技术型高等学校要设法突破这一人事制度制约，出台人才引进优惠政策，才可能引进符合应用型大学所需要的师资。特别是有针对性地引进一些动手实践能力和创新能力较强的高等职业技术师范院校的毕业生，对提高转型高校工程训练中心教学水平将起到较好的作用。我校在工程训练中心的建设过程中也同样遇到了师资队伍建设的困惑。面对困惑，学校领导率队到全国有关高校工程训练中心进行考察调研，最后达成共识，仅2015年就从天津职业技术师范大学招聘了7名具有技师资格的本科毕业生。几位年轻教师在技能上的优势也在首届全国高等院校工程应用技术教师大赛上得到了印证。

此外,在人才竞争激烈的今天,要引进优秀人才,还必须争取获得学校的政策支持,使工程训练师资队伍在福利待遇上有所提高、职称评定上给予政策倾斜[7]。我校 2016 年的人才引进政策,就给工程训练中心提供了 2 个引进高技能人才(高级工程师、高级技师)名额,对符合条件的给予一定的安家费、购房补贴、科研启动经费,并给予副教授待遇。

(二)加强对年轻教师的培养

转型高校大多为新建本科院校,工程训练中心是新成立的,师资队伍是新建的,且大多为年轻教师,甚至是新入职的教师。如我校工程训练中心目前 15 名教师,平均年龄不到 32 岁,是一支年轻的工程训练教学团队,且大部分教师是新入职的。无论是工程实践经验,还是工程训练教学经验,年轻的教师都是比较缺乏的。因此,学校需制定有效的培训培养政策,提供更多的培训、学习机会,把加强对年轻教师的培养作为工程训练中心的一项重要工作。

1. 推行青年教师导师制

推行青年教师导师制可加强对青年教师的指导,充分发挥指导教师在教学、科研等工作中的传、帮、带作用,以帮助青年教师快速成长。我校要求导师在思想政治、职业道德等方面加强对青年教师指导的同时,不仅要在课堂教学环节方面对青年教师进行指导,在主持或参与科研项目、撰写学术论文等方面也要对青年教师进行指导。为使导师工作得以扎实推进,学校出台了相关规定,在培养青年教师的师德、教学、科研、社会实践等方面的工作对导师进行考核,旨在提高青年教师导师的工作积极性。

2. 创造条件让青年教师有机会参加各种培训

通过各种培训学习,可有效提升青年教师的各种能力,我们着重加强三个方面的培训。

一是教学能力的提升,主要从课件制作和讲课能力方面加以培训。在课件制作方面,我们组织青年教师参加了学校教师发展中心及自治区教育厅举办的"PPT 课件制作培训班""微课制作技术与设计培训班"。通过培训青年教师的课件制作水平有了较大的提高,几位教师通过培训获得了学校的课件立项。在讲课能力方面,我们在组织教师相互听课、评课的同时,开展青年教师讲课大赛。尽管我们是新建部门,我们的老师是新入职的教师,但通过培训,在学校举办的青年教师讲课大赛中已崭露头角,荣获二等奖。

二是实践技能的提升,主要是让青年教师有机会参与各种培训学习。我们组织青年教师参加了由大连机床有限责任公司举办的"数控机床装调修培训"国培项目培训学习,聘请了焊接专业能手到学校对全体工程训练教师进行了"电焊培训",

组织有关教师到广西大学、桂林电子科技大学、柳州职业技术学院等兄弟院校进行相关专业知识学习。这些培训对提升青年教师的实践能力起到了关键的作用。

三是实战能力的提升，主要是让青年教师参加技能比赛及相关培训。思想活跃、敢于拼搏，这正是青年教师的优势所在，青年教师积极指导学生参加各种学科竞赛，既锻炼了学生又提高了自己[8]，实现了教学相长。2015年，我们组织青年教师参加了"第一届全国高等院校工程应用技术教师大赛"和"广西创新设计制作大赛"，组织青年教师到浙江杭州分别参加了"物联网技术""工业机器人与机器视觉应用技术""液压与气动传动技术""数控机床控制技术""可编程序控制系统设计及应用"培训。通过培训学习，教师们在大赛中都取得了优异的成绩，起到了很好的"以赛促教"作用。

3. 组织青年教师参与各种调研活动

青年教师，特别是新入职的教师大多对企业生产及发展不了解，对工程训练的内容及要求不了解，对国内高校工程训练中心发展不了解。为此，我们组织他们到相关企业和高校进行考察调研，让他们参加大连机床有限责任公司举办的培训，参加德马吉森精机公司、时代焊接举办的学习交流活动，参加广西工业设计教学研讨会。

仅2015年我们安排各种培训就有30多人次。教师们深有感触地说：这样的培训、学习对我们青年教师太好了。

（三）建设青年教师成长的平台

我校在整合校内资源、成立工程训练中心过程中，有的老师怎么也不肯到工程训练中心任教，觉得到工程训练中心当老师是低人一等，就是实践教学，没有科研，无法晋升教授，影响到自己的前途。因此，工程训练中心在建设的过程中不仅要引进优秀人才，更应注意师资队伍的稳定。要留住人才、稳定队伍，必须让教师个人的价值得到体现，要解决教师、特别是实践教师的职称问题，要积极为教师的个人发展创造条件[9]，营造一个重视实践教学的氛围，搭建一个有利于青年教师成长的平台。

工程训练中心教师的主要工作任务是实训教学，光有好的教育教学素养还不够，还需要在教学实践中不断探索工程训练内容及管理、探索更有效的教学设计和教学方法，还需要深入研究学生的心理特点和接受能力，进一步提高课堂管理能力和教学效率。为此，我校在工程训练中心教师中营造了一个良好的教学研究氛围，鼓励青年教师结合我校工程训练实际开展相关实训教学研究。学校则在政策方面给予倾斜。2015年，我校工程训练中心青年教师结合工程训练实际申报的7个教改项目，全部获学校立项。其中，曾江黎老师申报的"基于应用型大学的工程训练课程教学质量评价体系的构建与实践"被推荐为自治区教改项目，张科研老师申报的"工程训练模块化教学改革研究与实践"被列为学校重点教改项目。同时,学校对工程训练中心教师 2015 年申报的 2 项青年基金项目也都给予了支持,还获得了学校 1 项讲义立项、2 项单元立项和 3 项课件立项的支持。对于仅有 15 名教师的工程训练中心,学校 2015 年就给予了 15 个项目立项,平均每位老师 1 项。这些支持,不仅有利于青年教师的成长和职称提升,更有利于青年教师对工程训练的深入探索与研究,有利于工程训练中心的发展,有利于学校的转型发展,有利于学生的实践能力培养。

据有关调查资料显示[10],目前我国工程训练中心的教师普遍学历偏低。要让青年教师看到希望,在条件允许的条件下,中心提供各种便利,鼓励青年教师不断提升学历及职称。我校工程训练中心 2015 年就有 1 名青年教师考上了博士,有 2 名青年教师正在做考研的准备,几名技师也正在积极为考高级技师做准备。

目前,转型高校大多较为重视工程训练中心的建设,投入也较大。工程训练中心要充分利用这一有利条件,在保证实践教学质量的基础上,兼顾应用技术研究。我校在设备采购时就充分征求青年教师对有关研究方向的意见,尽力使实践教学平台的建设与青年教师开展研发工作相一致。这无疑将促进青年教师的科研工作。工程训练中心要利用现有设备,加大对实习指导人员、特别是新进人员实验技能的培养力度。在保证其完成岗位职责的基础上,积极引导他们对相关岗位技能的学习,做到一专多能,提高综合技能[4]。

四、结束语

原清华大学梅贻琦校长有一句名言:所谓大学者,非谓有大楼之谓也,有大师之谓也。工程训练中心在加强实训场地及设备等硬件设施建设的同时,更应加强师资队伍建设,才能确保工程训练中心的健康快速发展,也才能更好地满足高校转型发展的需要。

参考文献

[1] 许安国,赵庆先.高校师资队伍建设的现状分析及对策研究[J].北京交通大学学报(社会科学版),2010(4):106-110.

[2] 周燕飞,黄岚.现代工程训练中心建设中的变与不变[J].现代教育科学,2008(3):147-149.

[3] 冯锋.文科院校工程训练建设的探索与实践[J].教育研究,2012(12):242-243.

[4] 杨林丰,徐忠阳,陈毓莉.工程训练中心师资队伍建设探讨[J].高教论坛,2010(3):112-113.

[5] 黄宇鸿.新建地方本科院校转型期师资队伍建设刍论[J].钦州学院学报,2013(12):40-44.

[6] 朱瑞富,孙康宁,贺业建,等.综合性大学工程训练中心发展模式设计与实践[J].实验室研究与探索,2011,30(4):85-87.

［7］ 王福兴,高玉峰.实验技术人员队伍建设浅谈[J].实验室科学,2008(3)：114-116.

［8］ 李军卫.青年教师如何提高实践教学能力[J].科技教育,2009(12)：190.

［9］ 韦相贵,傅水根,张科研,等.工程训练中心建设与管理问题探讨[J].实验技术与管理,2016,33(2)：130-132.

［10］ 张玉洲,鲁璇璇,张燕.高校工程训练中心师资队伍建设新探[J].实验室科学,2014,17(2)：165-168.

（来源:《实验技术与管理》,2016.8)

加强工程训练中心 3 个环境建设的研究与实践

——以钦州学院工程训练中心为例

韦相贵[1]，傅水根[2]，张科研[1]，颜世周[1]，刘科明[1]

（1. 钦州学院工程训练中心，广西钦州，535000；2. 清华大学，北京，100084）

摘要 工程训练中心是高校学生学习机电工艺知识、增强实践技能、提高综合素质、培养创新精神和创新能力的重要实践教学基地。加强高校工程训练中心的环境建设，对高质量开展实训教学和人才培养有重要的意义。本文在总结钦州学院工程训练中心环境建设的基础上，提出了工程训练中心 3 个环境建设的思路，为有关高校工程训练中心的环境建设提供有益的参考。

关键词 工程训练中心；环境建设；实践技能培养；工程文化

随着我国企业转型发展的不断深入，社会对应用型人才的需求日趋紧迫，作为高校校内开展实践教学的最大平台，工程训练中心正越来越受到各高校的高度重视。各高校也在纷纷探索工程训练中心的环境建设，充分利用这一平台开展应用型人才培养。

环境建设的内涵非常丰富，从不同视角有不同划分，如空间环境、办学环境、物理环境、育人环境、人文环境、管理环境、情感环境、学习环境和创业环境等。钦州学院工程训练中心自 2013 年成立以来，结合学校的发展实际，积极探索了工程训练中心硬件环境建设、制度环境建设和工程文化环境建设等 3 个环境建设，并初见成效。

一、3 个环境建设在工程训练中心建设中的作用

工程训练中心建设中的硬件环境建设、制度环境建设和工程文化环境建设是工程训练中心环境建设的重要内容。3 个环境建设对应用型人才培养起着重要的育人环境作用，是培养人、教育人、发展人的不可或缺的条件[1]。

基金项目 钦州市"互联网＋先进制造"工程技术研究中心项目；广西区教改项目（2015JGA363、2016JGB392、GXGZJG2016B160）；钦州学院教改项目（2016QYJGZ22）。

作者简介 韦相贵（1967— ），男，广西桂平人，学士，教授，广西"创新创业与先进制造实验教学示范中心"主任、钦州市"互联网＋先进制造"工程技术研究中心主任，主要从事工程训练和教育教学管理等方面的研究。邮箱：wxg101@163.com。联系电话：15878943616。

硬件环境建设是工程训练中心建设的重点内容。工程训练中心是高校对学生开展实践教学的校内最大公共实践教学平台。没有良好的硬件环境,工程训练中心就不可能实现其应用型人才培养的功能。因此,加强硬件环境建设对工程训练中心的建设乃至应用型人才的培养都有重要的作用:为学生提供一个提高个人素质和技能的基地,培养学生的工程素质、职业素养和工匠精神;为学生学习技术技能及近距离接触社会生产实际创造条件,消除学生对所学知识与生产实际脱节的恐惧;为学校及学生开展双创活动打下坚实基础;为"中国制造 2025"培养技术技能型人才提供保障。

制度对人的行为具有规范和约束作用,是建立秩序的前提和基础。[2]工程训练中心工程文化环境建设是高校校园文化建设的重要组成部分,更是工程训练中心内涵建设的重要内容之一。制度环境和工程文化环境的建设对提高自主创新能力至关重要。[3]制度环境和工程文化环境的建设在工程训练实践教学中对学生起到潜移默化的作用:让学生感受到企业文化,增强其对企业文化的认识与理解;让学生受到环境的熏陶,并转化为自觉的行动;唤起学生的参与意识,并引导其从学生向职业人的转变。

二、3 个环境建设的实施

(一)硬件环境建设

近年来,国家高度重视实践育人工作。2010 年颁布的《国家中长期教育改革和发展规划纲要(2010—2020 年)》明确提出"要坚持能力为重,强化实践教学环节,着力提高学生的学习能力、实践能力、创新能力。"为此,教育部先后发布了《教育部等部门关于进一步加强高校实践育人工作的若干意见》《教育部关于全面提高高等教育质量的若干意见》,对高校实践育人提出了一系列明确的要求[4]。

相对理论教学而言,实践教学是高等院校人才培养的重要组成部分。强化实践教学环节最重要的一项工作就是硬件环境建设。硬件环境主要指的是实训室的硬件设备、实训场所、实训器材等。没有良好的硬件环境,要想有效提高学生的学习能力、实践能力、创新能力,只能是一句空话。随着高校对实训基地建设越来越重视,各高校都在不断加大工程训练中心人力、财力和物力的投入,工程训练中心的硬件环境条件也在不断改善,营造了良好的实训环境。我校工程训练中心自 2013 年成立以来,学校高度重视中心的建设,新建的 1.8 万 m^2 的训练大楼于 2016 年初投入使用,已建成各类实训室 20 多个,新采购的各类实训设备价值达 7000 万元,成为全校最大的实践教学基地,成为广西具有一定影响力的工程训练中心。

硬件环境建设需注意两个问题:

一是要确保硬件环境建设的"质"和"量",并予以合理搭配。

高校的实训设备不可能永远都是最先进的。作为人才培养的重要实训基地,要培养与社会需求相一致的人才,工程训练中心确实需要有一些与当前企业发展相适应的先进设备,但也不能盲目追求先进。如激光加工与3D打印技术,全球都在不断加紧研发,各国都在你追我赶,许多企业生产都用上了激光加工及3D打印设备。工程训练中心如果没有一些激光加工及3D打印设备,学生就很难有机会了解这样一些先进的加工技术,显然很难与社会相接轨。然而,企业生产所需的各种激光加工及3D打印设备在不断推陈出新,新设备不断涌现。工程训练中心要跟上这一节奏,显然是不可能的,也没这个必要。从宏观层面和使用效益看,最高档的研究装备应该在相关的科研人员手中,最高档的生产装备应该在产业的相关生产人员手中,而作为工程实践或工程训练,装备有企业使用的主流设备就应该很不错了。国家要将好钢用在刀刃上。高校的人才培养绝非学一就是一,学二就是二,呆呆板板的,而应该采用启发式教学,让学生不只是掌握知识和技能,而且要掌握科学的思维方法,学会在应用中灵活多变、举一反三。在所受教育的基础上,能够发挥主观能动性,积极拓展思维空间,在满足社会需要的基础上实现新的创造。抗日战争时期,在极为困难的条件下,我国的西南联合大学为我们提供了极为丰富的高层人才培养的办学经验。我们高校现有办学的物质条件比西南联合大学不知要好多少,理应培养出高质量的应用型人才。

在现有条件下,要满足实习实训功能,就必须投资建设好上规模(同一实训项目,其设备应能够同时满足一个教学班级实习实训需要)、上水平(有一定先进性)的基地硬件设施[5]。应着重改变学、用脱节的现象,使院校与社会或企业之间技术和设备资源得到充分利用,达到学有所用、学用一致的目的。应科学筹划,本着固强补弱、全面提高的原则,按照夯实基础、升级提档、补缺配套的思路,全面加强实践性教学条件建设[6]。

二是要在"物联网＋"的基础上,在工程训练中心积极推进"信息化"和"智能化"建设。

高校教学信息化硬件环境是实现教育现代化的基础,是开展现代教育工作的条件和前提[7]。信息化建设有利于促进硬件环境建设。在大力加强硬件条件建设的同时,我们与北京数码大方科技有限公司开展校企合作,建设"智能化协同育人体验中心"和"数字化工厂"。加强门禁系统、库房管理系统、实训室管理系统、实训设备管理系统、实训教学管理系统建设,努力打造智能化、数字化工程训练中心,实现实训教学的信息化管理,实现资源共享和高效利用。

(二) 制度环境建设

高校的制度环境建设内容较为丰富,如学术制度环境、管理制度环境、教师专业发展制度环境、教师职称晋升环境、学生学籍管理环境等。这里主要讨论工程训练中心的实训室管理制度建设。

俗话说:"没有规矩,不成方圆。"良好的制度环境是实训教学顺利开展的保证[8]。良好的制度环境有利于守制习惯的养成,并制约和减少违反制度行为的发生[9]。实训室管理制度设计的目的是提高管理效率,充分挖掘设备潜力,为培养出有理论、懂实践的学生提供保障,为提高学校教师科研能力提供平台[10]。

随着工程训练中心的不断发展,必须努力构建一套与工程实践教学相适应的管理制度,使学生形成良好的习惯和素养,提高实训教学效果。对于提高实验实操教学质量和实验室管理效率、培养学生良好的工作品质非常有益[11]。为此,我们组织制定了"实训室学生守则""学生实训管理制度""实训室安全操作规程"等一系列实践性教学管理规章制度,实现实训教学管理的制度化、规范化。

为不断优化实训环境,进一步规范学生的行为,推进实训基地的标准化建设,提升学生的企业文化的素养,消除实训过程的安全隐患,节约实训成本和时间,培养高水平的应用技能型人才,我们在制定和完善各项实训管理制度的同时,积极推行"6S"管理方法,使实训室具有良好的职业环境并形成良好的职业氛围。良好的制度环境更可以提升人的品德和职业道德,能够间接提高人才培养质量[12],确保学生职业技能训练的优质、高效,也有利于培养学生良好的职业习惯、职业素养和安全意识,有利于提升学生综合素质、提高实训教学质量和管理效果。

(三) 工程文化环境建设

在加强硬件条件建设时,我们不能忽视了工程文化环境建设。工程文化环境具有陶冶情操、培养情趣、美化心灵、启迪智慧、激发灵感、潜移默化的育人功能[13],具有引导作用、凝聚作用、美化作用、激励作用[14]。工程文化环境是工程训练中心内涵建设的重要内容,是校园文化的重要组成部分。我们要把工程文化环境建设的"形"融合到人才培养这个"神"中去,为工程训练中心工程文化环境建设注入新的内涵[15]。

傅水根教授说:"工程训练中心是高校培养工匠精神的不二之地。"加强工程训练中心的工程文化环境建设对弘扬工匠精神、营造优良学风、培养学生综合能力、提高学生的工程素质和职业素养,进而推进工程训练教学改革、打造一流工程训练中心具有重要的意义。工程文化环境建设是工程训练中心内涵建设的魂,应以工程训练为主线,处处体现工程的思想、工程的元素、工程的规范、工程的特色。用工程文化塑造学生的人格、影响学生的成长、熏陶学生的思想、激活学生的工程细胞、培养学生的工匠情怀,从而实现应用型人才的培养目标。

我校工程训练中心以培养技术技能为核心,以弘扬工匠精神为主要内容,把工程文化环境建设的育人功能和工程训练中心的工程实践有机地结合起来,注重创新工程文化环境建设形式,充分利用大厅、走廊、实训室开展工程文化建设,让大厅、走廊丰富的工程文化内涵成为"实践课堂"的重要部分。我们从多视角、全方位精选设计内容,对工程训练大楼的大厅、走廊、实训室进行合理设计、布局。让走进工程训练中心的每一个人,不管是在大厅、走廊,还是在实训室,一幅幅、一张张、一个个有关技能、实践、工匠文化的浮雕、标语、名人名言,以及社会主义核心价值观,都能无声地让人感受到正能量信息,起到潜移默化的作用。

三、3 个环境建设取得的成效

钦州学院工程训练中心成立以来,积极开展 3 个环境建设的研究与实践,并取得了明显的成效:2016 年获批广西"创新创业与先进制造实验教学示范中心"、钦州市"互联网＋先进制造"工程技术研究中心。韦相贵教授依托工程训练中心建设开展的教学改革研究获得了多个教学成果奖:"基于转型中的应用技术大学工程训练中心建设研究与实践"获全国工程材料与机械制造基础/工程训练教学研究成果一等奖,"以工程技术技能培养为核心的应用型高校工程训练中心建设研究与实践"获广西高等教育自治区级教学成果奖三等奖,"应用型大学职业技术教育实训基地建设新路径的探索与实践"获广西职业教育自治区级教学成果奖二等奖。

如今,工程训练中心已成为钦州学院的一张名片,成为学校对外展示的重要窗口。2017 年 12 月,教育部机械基础课程教学指导委员会/教育部工程训练教学指导委员会在钦州学院召开了"2017 新工科范式下的机械制造基础课程和工程训练研讨会暨第二期机械制造基础/工程训练教学研究项目征集及论证会",来自全国各高校 130 多名专家参加了本次会议。这是教育部机械基础课程教学指导委员会/教育部工程训练教学指导委员会首次在广西召开这样的会议,是对钦州学院工程训练中心建设成效的充分肯定。

四、结束语

从钦州学院工程训练中心的建设历程及发展看,加强工程训练中心硬件环境建设、制度环境建设和工程文化环境建设 3 个环境建设,是高校加强工程训练中心这一对学生进行实践技能培养重要基地建设的重要抓手,对实训教学的开展和人才的培养有重要的意义。

参考文献

[1] 黄章强.浅谈高等职业院校的实训环境建设[J].湖北广播电视大学学报,2013,33(8):21-22.
[2] 张慧波.以制度建设优化高职教育发展环境[N].中国教育报,2016-01-05(005).
[3] 观察员.优化制度环境和文化环境是建设创新型国家第一要务[J].领导决策信息,2006(3):15.
[4] 李平.加强高校实践教学条件建设 创造教学仪器设备产业机遇[J].中国现代教育装备,2012(23):6.
[5] 叶宏.校企合作生产性实习实训基地硬件设施建设研究[J].品牌,2015(4):260-262.
[6] 皮之军,黄启来,王杰,等.加强实践性教学条件建设的研究与实践[J].实验技术与管理,2012,29(7):152-154.

［7］　熊卓.高校信息化教学软件及硬件环境建设［J］.高等教育,2013(10)：199.

［8］　薛明姬.浅谈实训室软环境建设［J］.电脑知识与技术,2017(5)：109-110.

［9］　谭福金,庞小凤.加强制度环境建设的重要意义［N］.朝阳日报,2012-10-30(005).

［10］　徐兴卫,任碧波.高职院校校内实训基地制度设计思考［J］.昆明冶金高等专科学校学报,2016,32(8)：14-16.

［11］　陈勇,宫政,苏艳琴.8S管理在装备实训教学中的应用［J］.实验技术与管理,2017,34(5)：178-179,204.

［12］　周柳奇.高职应用电子技术专业基于"六个对接"的人才培养制度建设与实践［J］.中国培训,2015(18)：21-22.

［13］　李绍交.试论高校图书馆走廊文化建设［J］.大学图书情报学刊,2008,26(6)：14-16.

［14］　邓果丽.多维度视角下的实训室环境文化建设与探索［J］.教育与职业,2016(16)：112-114.

［15］　吴雄彪,张雁平,花有清.论校内实训基地文化建设［J］.实验技术与管理,2008(1)：104-106.

(来源:《实验技术与管理》,2018.10)

Construction and Practice of Engineering Characteristic Culture in Practice Base of Universities

Wei Xianggui[1], Fu Shuigen[2], Li Paixia[1],
Mai Dongling[1], Zhang Keyan[1]
(1. Engineering Training Center, Qinzhou University, Qinzhou
Guangxi,535000; 2. Fundamental Industrial Training Center,
Tsinghua University, Beijing,100084)

Abstract: Engineering training center, an important base of the engineering practice in the university, is to enhance practice training and innovative training for students. Strengthening the construction of engineering characteristic culture in the engineering training center of university is significant to promote practical teaching and talent cultivation. According to the unique function of the practice base, such as value-oriented function, knowledge dissemination function, encouragement and innovation function, behavior criterion function and emotional edifying function. Three engineering characteristic culture are constructed, such as hall culture, corridor culture and training room culture. It provides a useful reference for enriching the connotation construction of engineering characteristic culture in the engineering training base.

Keywords: Engineering training center; Engineering characteristic culture; Cultural construction; Educational function; Educational environment

The cultural construction has a rich connotation. It has different divisions from the different perspectives, mainly: campus culture, social culture, corporate culture, management culture, institutional culture, behavior culture, material culture and spiritual culture. The Engineering Training Center of Qinzhou University has actively explored the construction of three project cultural connotations for the training hall culture, corridor culture, and training room culture since the training center has been into use in 2016. To a certain extent, it highlights the culture of engineering and has become a beautiful business card for the cultural construction of Qinzhou University.

1 The educational function of engineering characteristic culture

In the engineering training center, the training culture has many educational functions, such as value-oriented function, knowledge dissemination function, innovation incentive function, behavior criterion function and emotional edifying function. So, strengthening the cultural construction with the engineering characteristics is an important action to highlight the cultural education of applied universities.

1.1 The value-oriented function

The value-oriented function is one of the most important functions of engineering culture. It manifests in two aspects: one is to guide students' individual thinking and behavior; the other is to guide the students' collective value orientation and behavior. Reasonable placards and typical character presentations on the walls of halls, corridors, and training rooms in the building of training center will clearly guide students entering the training base to establish a scientific world outlook, outlook on life and values.

1.2 The knowledge dissemination function

During the cultural construction of training center, the engineering culture effectively integrates into many relevant knowledge, such as "Made in China 2025", "Industry 4.0", "Craftsman spirit and its connotation", "Big country craftsman", "Industrial development history", "6S management", etc. This measure has yielded a number of good results. Make students be aware of all kinds of related engineering knowledge, engineering culture and corporate culture. It not only is an important way to improve students' engineering quality, but also has an irreplaceable knowledge dissemination function for the cultivation of applied talents.

1.3 The encouragement and innovation function

The measure can effectively integrate academic atmosphere, cultural atmosphere, innovative ideas, and competitive awareness, and create a good teaching environment and atmosphere. Such a cultural environment will surely play a catalyst role in students' skills and innovation training. The students can be stimulated their desire for exploration, high emotions and spirit of progress, and create a strong motivation for self-learning, a spirit of indomitable fighting, and a lasting internal drive. In turn, they can actively participate in related practice and innovation training, and continuously improve their own practical ability and sense of innovation.

1.4 The behavior criterion function

Generally, culture has certain restrictions on its subject [1]. The "6S management" was introduced into the engineering characteristics culture, behavior culture, institutional culture and other culture, providing students with intrinsic behavioral scales and becoming behavioral norms and standards for students. In this cultural working environment, the students' hearts will resonate; their thinking, psychology, and behavior are restricted. Then students can consciously abide by the training system, regulate their own behavior, and achieve the purpose of standardization. In short, students can better integrate with companies.

1.5 The emotional edifying function

The engineering characteristic culture is to improve students' engineering literacy as the core, and at the same time, it effectively integrates the corporate culture and promotes the development of students' healthy personality and comprehensive development. The organic combination of engineering culture and corporate culture is a comprehensive manifestation of the university's training base to strengthen management and train students' engineering quality. The condition, such as beautiful environment training bases, beautiful and scientific art design, picturesque cultural relief, practice concept in engineering style, inspiring inspirational motto, and system propaganda filled with humanistic care, will inevitably help cultivate sentiment and create a better mind. This will in turn motivate students to develop the inherent power of noble morality, physical and mental health and integrated development.

2 The construction of engineering characteristics culture

Cultural construction is the soul of the connotation building of the training center [2]. It should be based on engineering training, building ideological and cultural positions in halls, corridors, and training rooms. It embodies the function characteristics as follow: value-oriented function of engineering culture, the function of knowledge dissemination, the function of encouraging innovation, the function of behavioral regulation, the function of emotional cultivation, the ideas of the project, the elements of the project, the specification of the project, and the characteristics of the project.

2.1　The construction of hall culture

The hall is the face of training center and needs to reflect the engineering characteristics culture. Once entering the hall, students can feel the rich atmosphere of engineering culture. Combine with the characteristics of the university and the function of the training center to determine the overall design scheme from various aspects, such as content, color and lighting.

The main function of a big screen in the center hall is to show the introduction and related video information of the center, the teaching practice of training room (its live connection to the screen through a network), the situation of teaching. On both sides of the big screen shows the words "Welcome to the engineering training center" in Chinese and English, which makes people feel kind and warm. Then, two striking slogans on both sides: genuine knowledge coming from practice and innovation is endless, set a lively atmosphere of practice and innovation in the training center.

A vivid relief wall has an important function in the historical heritage and the development of folk culture on the left side of the hall. Above it is the slogan proposed by Premier Li Keqiang: "Promote the spirit of craftsman and climb the peak of quality. " The characters on the wall of the relief and their work scenes are carried vividly and give people a beautiful enjoyment. It not only beautifies the hall's space, enriches the environmental art form, but also enhances the image, taste, and connotation of the center, and strengthens the role of engineering characteristics culture. In generally, the relief wall is an important carrier of engineering culture.

An introduction of the engineering training center is presented on the right side of the hall. Its main content includes: construction concept, function positioning, organization, teacher team, curriculum construction, construction effectiveness. The above information not only makes students or visitors have a comprehensive understanding of the basic situation, but also enhances their interest in the training class.

In the aisles, the "socialist core values", "artisan spirit" and "Made in China 2025" are suspended on the wall of the both sides. The "socialist core values", "famous celebrities" and "Made in China 2025", "The history of the development of machinery industry", "Industry 4. 0" and other related presentations are remonstrated.

It highlights the personality and culture of the training center through organic integrating the modern information elements, values, and connotations into cultural construction.

2.2　The construction of corridor culture

The corridor culture construction should be selected in some aspects. The education function of the corridor culture with the engineering characteristics are organically combined to further preserve the heart of artisans, promote the spirit of artisans, build the culture of artisans [3], and integrate knowledge, education, and art into one.

The main content as follow:

Firstly, choose the right engineering culture, which can inspire people to work hard. For example: "knowledge determines destiny, and skill determines life", "observing in practice, thinking in observation, comprehending in thinking and growing in comprehension", "promoting the spirit of artisans, climbing the peak of quality", "the root of innovation is in practice".

Secondly, introduce the connotation of engineering awareness and craftsmanship. It not only echoes with the culture of the hall, but also further enhances students' understanding of the connotation.

Thirdly, The culture content is to personage introduction. On the one hand, let students learn these typical characters at the same time. They are infected by their achievement and continue to work hard through the introduction of famous scientists, engineers, and great country craftsmen; on the other hand, let them understand the situation of the teachers in the training center and enhance their confidence in learning skills through the introduction of the backbone teacher.

In the end, introduce the awards achieved by teachers and students. The award-winning works and community organizations all reflect team spirit. The awards gained by teachers create strong charisma, attraction, centripetal force, cohesion, and influence, and can stimulate students' enthusiasm for actively participating in the discipline competition and innovation training.

2.3　The construction of training room culture

The culture construction of the training room is in the core position for the students. This culture construction has a great significance to promote the reform of practice teaching, cultivate the students' engineering quality and the spirit of artisans. The training room culture of the training center has been carefully designed from the aspects of strengthening corporative culture and highlighting safety culture.

In terms of corporative culture, the "6S" management system is introduced and suspended in each training room. Such as cleaning，rectification，trimming，safety，standardization and quality. There is an impact on the establishing good practical training order and strengthening practical training management. Once entering here，students can feel the atmosphere of the production workshop，cultivate students' good habits and professionalism，and ensure the training of all work and activities in order.

In the end，the safety culture is doing the damnedest to build a safety training system and to strengthen safety education for students [4]. The content，such as relevant rules and regulations，various equipments and various types of work safety operating procedures were suspended in each training room to regulate students' internship behavior. The safety warnings，such as "safety is a matter of conscience，accidents are caused by accidents"，"observing the operation procedures，ensuring personal safety"，"no one deliberately does accidents and the accident is accidental" in the conspicuous place. All of that，it has an impact on paying attention to safety at all times，and providing a correct safety quality orientation.

3　Conclusion

From the perspective of the construction and development in the Engineering Training Center of Qinzhou University，the cultural construction with engineering characteristics as a starting point and strengthening the cultural connotation construction，and is an inevitable trend in the construction and development of training bases，and is of great significance for the development of practical training and the realization of teaching goals.

References

[1]　WU S. What University Culture Calls for "Made in China 2025" [N]. Wen Wei Po，2016-10-25(005).

[2]　HUANG Z Q. On the Practical Training Environment Construction in Higher Vocational Colleges[J]. Journal of Hubei Radio & Television University，2013(8)：21-22.

[3]　WANG M Q. Education function：Ontology function of university culture [J]. Heilongjiang Higher Education Research，2009 (12)：109-111.

[4]　YE S L. On the Construction of Safety Culture in College Engineering Training[J]. China School of Education，2009(S2)：349.

（来源：《第 12 届现代工业培训国际学术会议》，2018.10）

Construction and Research on Engineering Training Center Based on Applied Universities

Wei Xianggui[1], Fu Shuigen[2], Zhang Keyan[1],
Zhou Weiyuan[1], Yan Xiaojuan[1]

(1. Engineering Training Center, Qinzhou University, Qinzhou,
Guangxi, 535000; 2. Fundamental Industrial
Training Center, Tsinghua University, Beijing, 100084)

Abstract: This paper analyses the need for applied talents' cultivation, exploring the concept, connotation and implementation plan by stages on the construction of engineering training center. Researching on the importance, function, infrastructure, team construction, teaching management and other aspects of engineering training center in applied university transition, based on all the above studies the paper puts forward a proposal that integrating the resources of campus, building interconnected practical teaching platform, cultivating inter-disciplinary engineering talents, which provides practical experience and theoretical reference for talents training in applied university.

Keywords: applied university; applied talents; cultivation of talents; engineering training; practice teaching

The state council issued two documents which are *Decision to Accelerate the Development of Modern Vocational Education* and *Construction Plan of Modern Vocational Education System* (2014—2020), put forward the proposal that

Foundation Project: 2014 proposed project of Educational Research that by project training teaching guidance committee/curriculum teaching on machinery, Guidance Committee of Education Ministry (Project leader Wei Xianggui: 2014XJJG-C16; Project leader Fu Shuigen: JJ-GX-jy201402); Teaching Reformation Project of Guang Xi (Wei Xianggui2015JGA363); Teaching Reformation Project of Qinzhou University (Wei Xianggui: 2015QYJGZ02; Yan Xiaojuan: 2015QYJGB20).

The Author: Wei Xianggui(1967—), male, Guiping Guangxi, associate professor, Engineering Training Center of Qinzhou University, the major research is engineering training, education and teaching management and etc. Tel: +86-15878943616. E-mail address: wxgl01@163.com.

developing the undergraduate level vocational education, guiding a group of undergraduate colleges and universities in our country to take vocational education as the mission in the transition of applied technology university gradually, to meet the demand of technology skilled talents for the society. For the transition of the local colleges and universities, we should understand how to construct the engineering training center, which can promote the transition development. This is the subject what we need to study.

1 The analysis of applied talents demand

The conversion rate of the scientific and technological achievements is up to 40% in developed countries, but why our country's conversion rate is 10%? That's because there is a group of people who lack of the engineering practical ability while their achievements are too far away from the products which could be satisfied with the social need (Fu Shuigen). In the process of economic transition and enterprise transition, there are hundreds of millions of technical and skilled talents are needed. Nowadays, there is a serious lack of skilled talents who can convert their knowledge of science and technology into products, but some colleges failed to play its role.

After the university enrollment expansion in our country, the technical secondary schools, colleges, vocational schools have been upgraded, a value of a university diploma shrinking, the target of talents cultivating of university and social needs more and more being out of line. After the universities were upgraded, whose conditions can't keep up with it, a lot of construction investment is needed, but the fund of university is so limited that much construction can not be invested, thus give the priority to liberal arts majors. As a result, not only lead to the graduates whose specialty is Chinese, accounting, electronic commerce, and law graduates majoring in liberal arts serious supply exceeds demand, but also contribute to a serious shortage of skilled talents quantity directly. A serious contrast of excess "college students" and less "skilled worker" became a hot topic in the media and the social attention. The article "college students 'recycle' to technical schools become a phenomenon of group, whose idea to choose a job is practical" in the Public Daily (2013-09-27) said: college students "recycle" to technical school, which is a phenomenon of group nowadays.

The article "college students 'recycle' to technical schools" in the Hainan Daily (2014-05-27) said: that graduates of undergraduate go to secondary vocational and technical schools to participate in the training has become a tide.

The article Jiang Nan technical school employment rate 100%, overseas returnees also go to 'recycle' said: Jiang Nan technical school attracted many college graduates and overseas returnees to study in.

...

These reports proved the social demand for applied talents fully, and also confirm that old adage, "Where there is a demand, there is a market".

2　The construction connotation and contents of engineering training center in applied type universities

Nowadays, the competition among enterprises became sharper and sharper. In term of the efficiency and safety, the enterprises would no longer accept the students to enter for the industrial training. Even accepting the students, just is "look at the flowers while riding on the horseback". Under such a social background, the practical teaching had to transfer from "rely on the society" to "rely on the colleges". In this case, the universities began to establish the engineering training centers for themselves one after another [1].

The country encourages a part of local universities to transfer into applied universities, so as to speed up the step of applied type talents and technical type talents cultivation, and training more and more engineers and high quality workers to speed up the transformation and application. This is necessary not only for the private development of the students, but also for constructing a modern professional education system. Furthermore, it is necessary for realizing the transformation of economic development and escalation for the products structure, and it is also necessary for promoting the competition ability of the country. To realize the transformation development, it is the key factor of establishing the engineering training center. The engineering training has become the concrete form of engineering practice education in China [2].

The applied type universities wanted to establish the engineering training centers, cultivate the applicable type talents, being necessary to strengthen the practice teaching, practice ability cultivation with good personality [3]. Taking the engineering teaching as the main line, stressing on the professional quality and ability cultivation, actively initiating and realizing the combination of science, technology and humane studies, it has to cultivate the practice ability, engineering quality, professional skills, and the creative thinking facing the overall students to promote the universities transfer into the applied type. The engineering training center should continuously enrich the training contents. It is necessary to own not only the ordinary training, but also the advanced technology training; and it is necessary to own not only the professional technological training, but also the virtual training. The engineering training center should be established into "a historic engineering training enriched museum", "a modern engineering training enriched exhibition hall", and as well as "an engineering training enriched design hall"[4].

3 Integrating the resources of universities and constructing practice teaching platform by close relations

In 2014, the highest employment rate being geared to the jobs in the financial affaires and accountant major for the graduates is only 64.17%, for the information engineering major less than 9% [5]. The learned specialized knowledge for the students in campuses could not be really well used. The students of the automation major could not operate the numerical control machine tools; the students of the mechanical manufacturing majors could not repair the machines. Some graduates come from the laws, and management even returned to the vocational schools to learn skills due to the reason of being difficult to find jobs [6]. The reason led to the present situation is the obstacle existed between the diplomatic education and the professional education.

Britain is one of the best country for linking up the diplomatic education and the professional education, the bachelor, master, and doctor degree students have to own the relative professional certificate, which is suitable for the different jobs[7]. The students of the Tianjin Professional Technology Normal University were also accepted the professional education while finishing the diplomatic education, which reduced the overworking after graduation of the students due to going back to the professional school.

At the aspect of integrating the excellent resources, it is necessary to have a complete investigation on the practice teaching resources inside a university. The universities could make effort to integrate the public practice teaching resources, such as relative labs, equipment, courses, teachers, into the engineering training center, which could become a practice teaching resource sharing platform for the application of the whole university.

Two contents of "mutual relation and mutual communication" should be included:

One is the training contents and projects. The training center should make the effort to combine the talent cultivation characteristics, not only at the aspect of mechanical manufacturing, electric and the electronic fields, but also including computer, automobile, pottery, even including some labs from liberal arts. For example, the liberal arts and economy majors could establish the simulation labs to imitate the deal of stock. The other majors could find out some basic technological factors to proceed the design of practice teaching [8].

Another is the "mutual relation and mutual communication" for those students, who took part in the training. After the practice exploring of years by many universities in foreign countries and at home, the engineering training center has become an important base for the talent cultivation at the field of technology and skill, an important part of combining the general knowledge education with engineering culture, and an important link point of science, technology and the liberal arts. The students who learn science and technology should join the engineering training, and the students come from the liberal arts should also join the engineering training. Nowadays, the engineering training is not only an obligatory course in Hefei Industry University, but also an obligatory course in Tsinghua University, Sichuan University, Southern China University, etc.

4　Well plan of the implementing scheme in different stages

At the construction processes of engineering training center, some difficulties would be met at the aspects of less attention of the leaders, the weaknesses of teacher team, hardware facilities, teaching hours and an opportunity of hand making are not enough, etc. These problems and difficulties may directly affect the quality of engineering training. So it is urgently necessary to introduce the advanced equipment, and to strengthen the construction of teacher team, and to make great efforts to enhance the quality of engineering practice teaching. But it could not be realized over one day. There for, it is necessary to draw a clear distinction among the general, important, unhurried, and urgent, to settle down plan of completing scheme in different stages.

4.1　Well plan of the construction scheme of engineering training center

The leaders in the applied type universities should highly pay attention to the construction of engineering training center. All of the relative departments should make great efforts to support, to make the construction scheme of engineering training center better.

First, it is necessary to set up an academic committee and the teaching guiding committee to execute a function of monitoring and guiding. The director of the training center should completely take the responsibilities of engineering training management and safety guarantee, overall plan the scheme and construction to realize the optimum combination at the aspects of practice teaching contents, staff, equipment, and management.

Second, it is necessary to set up a complete set of practice teaching system to face all of the undergraduates in the university. Facing the students from the engineering departments, a practice teaching system formed by engineering foundation training, advanced technology training, creative practice training, and engineering quality training, should be established; facing the non-engineering students, the practice training system, being formed by engineering cognition training and engineering quality training, should be established. Under the basis of above conditions, the engineering training teaching system formed by combining the science, technology, liberal arts and the social discipline, machinery and electronics, resource sharing, mutual compensation of competition and courses, well services for the university and the district, should be established.

Third, it is necessary to set up four main lines, which combined the overall engineering practice training with the professional skill training, including design, manufacturing, control and production to ensure having a function of serving for the network structure course system of practice type and near practice type students from the whole university.

4.2 Well introduce plan of teacher team

The teacher team construction is the source of all problems in the engineering training center. The university has to make a great effort to establish a teacher team with a high quality and reasonable structure based on the core of bachelor, master and doctor degrees, and to form the backbone of teachers, engineers and technicians [9].

First, the present talent introducing regulations for the teacher in the universities request the high diploma, and master or doctor degree, but these staffs often were difficult to meet the need of practice teaching. Most of the senior workers or the senior technicians only owned the undergraduate, higher professional diploma, and even middle professional diploma. If taking the skill training as the main part, the senior workers and the senior technicians should have the relative rate in the teacher team. Otherwise, it is difficult to ensure the practice teaching quality. Therefore, the applied type universities had to breakthrough the limitation of human affaires regulation, renew the talent introduce favorable regulation to suite the need of practice teaching. Such special policy as part of the regulations, the different level of teachers should have the benefits to be treated equally.

Second, the stability of the teacher team is a key point. If a university hopes to introduce the excellent talent, a special favorable policy should be introduced. It is necessary to reflect the real value of the teachers, and to create a better condition for the development of teachers, such as building the research platform for teachers' development, which can not affect regular teaching.

Third, the teacher team is difficult to meet the need of the training center development at the present. According to the development stages of engineering training center, and combined with the number of students in each stage, the professional talents training scheme on class hours and the number of all kinds of equipments, then calculated the required number of teachers in each stage. Moreover, making teacher introduction plan by stages, so that the structure of graduation school, age structure and degree structure can be more reasonable.

4.3　Well equipment purchasing plan made in stages

The equipment is another key factor of engineering training center. In order to protruding the "application", it is necessary to protrude the skill training and ensure the necessary equipment for the engineering training. Generally speaking, the equipment of engineering training is very expensive. The lowest cost is about a few tens of thousands, the more one is a few hundreds of thousands, even much more. At the present, any universities could not afford to purchase the enough equipment in once. The same way as how to calculate the number of teachers, the number of the required equipment in each stage can also be calculated. The paper proposes the kind of calculated method is that the number of equipment for a certain type of training is equal to the planning total class hours divided by number of student to per device, number of class hours weekly, number of weeks of each semester and equipment utilization. To meet the advanced training the 3D printing, laser engraving, intelligent manufacturing and other advanced manufacture technologies should be introduced. And combining the "Made in China 2025", the "Internet ＋" and other related national strategy, formulating plan of equipment purchase in stage, the purchase goal is that no shortage, no wasting, more advanced, systematic, and integrating, so the resources of engineering training center can be effectively utilized.

4.4 Perfecting the training projects and the contents in stages

The applied type universities should have their own characteristics for cultivating the students. The training projects and the contents should keep up with the time. According to the guiding principle for running a university, cultivation target and the key majors, the contents of the engineering training should be well designed. From the traditional manufacturing process to the advanced equipment, such as 3D printing, laser engraving, robotics and intelligent manufacturing; from the mechanical manufacturing to the electric, and electronic technology; from the machinery and electronics to the training projects; from the science and engineering to the liberal arts that can be realized through the platform of engineering training center launch courses from different professions faced to the whole school students. From the basic training to the professional training, such as developing professional skills appraisal institutions and carrying out the relevant works of vocational skills identification. At last, from the creative training to the various creative competition activities, the training contents should gradually be enriched [10], and based on the consideration of the topics and contents of the competition activities, then those can be changed to the training projects of engineering training center. To begin with, the engineering training involved in an engineering discipline, gradually towards the science discipline, and at last it could expand to the liberal arts. From accepting the students in the campus to ones from the other universities, from the students skill training to the enterprises personnel, realized the excellent resources sharing among the universities, enterprises, schools, as well as the society could be realized.

5　Conclusion

The engineering training center is a relative teaching organization with wild scopes and owns some resource advantages [11] of the special hardware and software facilities to cultivate the hand making ability and the creative ability of students. Therefore the engineering training center should be established with the high standards and the high requirements to serve for the local economic development and cultivate the professional ability of students, which is helpful for the university transformation to the applied type university.

References

［1］ FU S G. The Overall Framework on the Building of Engineering Training Center of Tsinghua University ［C］//Fu Shuigen's education and teaching research symposium (Exploration of Engineering Practice Education). Beijing: Fundamental Industrial Training Center,Tsinghua University,2006: 108-114.

［2］ SUN K N, FU S G, LIANG Y D, et al, Discussion on engineering practice education problems, responses and general cognition of education attribute［J］. China University Teaching ,2011(9): 17-20.

［3］ ZHU G F. Discussion on Engineering Education Ideal［J］. Research in Higher Education of Engineering,2011(1): 1-5.

［4］ WANG J W, XU X D, WANG F X. The Internal Development and Innovation of Modern College Engineering Training Centre: Six Changes to be Realized［J］. Researches in Higher Education of Engineering,2011(8): 84-86.

［5］ CHEN X H. The shifting rate of graduates' major learned on employment reported: Accounting major's shifting rate is the lowest. Bio engineering's shifting rate is the highest ［N］. Jiefang Daily,2014-06-11.

［6］ YANG X H. 5000 graduates restudy in technical school, diploma challenges with vocational skill［DB/OL］(2009-08-11). North Network, http: //news. enorth. com. cn/system/2009/08/11/004156952. shtml.

［7］ LIU Y F. Discussion on the phenomenon that graduates restudy in technical school［J］. Development Review(Taiyuan),2011(1): 143-147.

［8］ MA P J, WANG L. On the Present Situation of Practical Teaching of Engineering and its Countermeasures［J］. Researches in Higher Education of Engineering, 2011(1): 143-147.

［9］ ZHU R F, SUN K N, HE Y J, et al. Design and Practical of Development Model of Comprehensive University Engineering Training Center［J］. Research and Exploration in Laboratory,2011(4): 85-57.

［10］ SUN K N, FU S G, LIANG Y D, et al. Entrusting new mission to practice teaching, preventing educational method changed to be science method［J］. China University Teaching,2014(6): 17-20.

［11］ LIANG Y D. Construction and development of engineering training centers in colleges and universities［J］. Experimental Technology and Management,2013(6): 6-8.

（来源:《第 11 届现代工业培训国际学术会议》,2015. 10）

高校实训中心安全文化环境建设研究

——以钦州学院工程训练中心为例

韦相贵,李派霞,张科研,刘科明,欧跃发,张杰权,杨东斌

（钦州学院工程训练中心，广西钦州，535000）

摘要 基于教育部机械基础课程教学指导委员会关于高校实训中心对安全文化环境建设的实际要求,分析了安全文化环境的内涵建设及其意义。结合钦州学院工程训练中心文化建设的实践经验,从物质文化建设、制度文化建设、精神文化建设等方面提出了高校实训中心安全文化环境建设的经验举措,为实训教学、创新训练及相关科学研究的顺利开展奠定了坚实的环境基础。

关键词 安全文化；实训安全；实训环境

随着"双创"活动的不断深入和高校应用型人才培养工作的不断推进,很多高校越来越重视校内实训中心的建设,不断加大投入。如今,实训中心显然已成为高校开展实训教学、创新训练及相关科学研究的重要基地,而且有规模越来越大、任务越来越重、仪器设备越来越多、普及面越来越广、人员流动性越来越大的趋势。但随之而来的却是突出的安全问题,实训中心安全管理面临着巨大的压力和挑战。如何预防实训过程中各类事故、灾害的发生,如何加强安全文化环境建设,进一步丰富其文化内涵,强化其育人环境,发挥其特殊育人功能,是实训中心建设中亟须解决的问题。钦州学院工程训练中心自 2016 年实训大楼投入使用以来,以文化建设为抓手,在安全环境建设方面做了有益的探索。

一、安全文化环境建设的内涵

归根结底,安全文化就是一种文化,就是为了确保安全而营造的精神环境和文化氛围。文化的内涵非常丰富,不同视角有不同划分,如校园文化、社会文化、企业文化、工程文化、管理文化、制度文化、行为文化、物质文化和精神文化……可以说,

基金项目 钦州市"互联网＋先进制造"工程技术研究中心项目；广西区教改项目（GXGZJG2017A003、2016JGB392、GXGZJG2016B160）；广西教育系统维护学校安全稳定研究课题（20161C073）。

作者简介 韦相贵(1967—),男,广西桂平人,学士,教授,广西"创新创业与先进制造实验教学示范中心"主任、钦州市"互联网＋先进制造"工程技术研究中心主任,主要从事工程训练和教育教学管理等方面的研究。邮箱：wxg101@163.com。联系电话：15878943616。

高校实训中心安全文化与这些文化都有交集。

国际核安全咨询组提出:"安全文化是存在于单位和个人中的种种素质和态度的总和。"我国一般将安全文化归结为安全理念与价值观、安全行为准则与风气等的复合体,是保护人们的身体和心理健康、尊重人的生命、实现人的价值的文化[1]。对高校实训中心而言,安全文化是实训中心为预防在开展实训教学、创新训练和科研活动中发生各种安全事故而营造的一种文化,以保护师生生命和健康、保护国家财产安全。它是社会文化、企业文化、工程文化、校园文化的重要组成部分,同时又包含管理文化、制度文化、行为文化、物质文化和精神文化等内容,必将伴随着实训中心的发展而发展。

安全文化环境建设是实训中心内涵建设的魂。高校实训中心应以安全为主线,结合自身的具体实际,在大厅、走廊、实训室等不同场所筑牢安全文化阵地,使其不仅体现安全文化的特有功能,更能体现工程的思想、工程的元素、工程的规范、工程的特色。因此,应遵循科学性、教育性和艺术性的原则,用安全文化影响学生的成长、熏陶学生的思想、激活学生的工程细胞。

二、安全文化环境建设的功能及作用

有着 200 多年历史的杜邦公司凭借其良好的安全文化、理念和管理体系,安全事故率是工业平均值的 1/10,实现了 20 年甚至 30 年无事故,其在世界 30% 的工厂连续超过 10 年无伤害记录[2]。这是安全文化环境所起作用的最有力例证。

安全文化的作用是通过对人的观念、道德、伦理、态度、情感、品行等深层次的人文因素的强化,利用领导、教育、宣传、奖惩、创建群体氛围等手段,不断提高人的安全素质,改进其安全意识和行为,从而使人们从被动地服从安全管理制度,转变成自觉主动地按安全要求采取行动,即从"要我安全"转变成"我要安全"[3]。安全文化是安全管理发展的产物,是事故预防的重要基础[4]。

文化的核心功能就是育人的功能。同样,安全文化也不仅具有"春风化雨润物无声"的超强渗透力和感化人的功能,还具有知识传播功能、行为规范功能和情感陶冶功能等独特的育人功能。实训中心的安全文化与校园文化、工程文化、企业文化有机融合、相得益彰,不仅是实训中心文化建设的重要内容,更是应用型大学文化建设的重要组成部分。安全文化建设对应用型人才培养起着重要的育人作用,是培养人、教育人、发展人不可或缺的条件[5]。实训中心安全的文化环境,不仅提供了实训中心在开展实训教学和创新训练时所必须具备的安全环境,也提供了培养学生安全意识、行为规范、职业素质、工程素养的重要环境。同时,加强实训中心的安全文化环境建设也是彰显大学文化育人的重要举措。

三、安全文化环境建设的内容

（一）物质文化建设

没有一定的硬件环境设施基础，讲安全文化也只能停留在口头上。物质条件欠缺，安全就得不到必要的保障[6]。完善的硬件设施是安全工作得以顺利开展的物质保障，也是安全文化得以顺利构建的前提[7]。只有不断加强实训中心硬件文化设施建设，方能确保实训教学得以顺利、安全开展。为此，我校加大了安全设施的投入，积极采取了各种安全防护措施，切实做好安全预防工作，维护师生的安全与健康，确保实训实习过程中不出现危及人身和财产安全的情况，避免意外事故的发生。

一是确保安全文化建设经费的投入，从而确保硬件环境设施建设各项经费都能得到落实。

二是加强基础设施安装规范化、标准化建设。设计制定好安全疏散通道[8]。科学合理地设计布局实训室，楼道内设置紧急安全通道和消防标志，在实训室（或车间）用黄、绿两种工业安全色在地面上明显标示出安全通道标识，传递安全信息。为各实训室配备必要的通用安全器材和消防器材（如灭火器、沙箱、防爆器件等），专业实训室还要有针对性地配备相应的安全设施和个人防护装置（如电焊用面罩、防护手套、防毒口罩等）。结合各实训室可能会发生的人员伤害事故，配备好急救箱，并配备红花油、红药水、双氧水、创可贴、消毒棉、纱布、绷带等应急药品，防患于未然。

三是避免因设备在设计上不科学或不完善而造成的安全隐患。例如，为避免学生在实训时不出现因卡盘扳手遗留在卡盘上飞出伤人事故，我们在普通车床加装了安全保护装置；为及时排除焊接操作时产生的各种有毒有害物质，我们在焊接实训室安装了除尘排烟系统，从而有效降低了各种有毒有害物质对操作人员可能造成的伤害。

四是在实训中心建立一个能服务全校的微型消防站，配备数名工作人员，并配备一定数量的灭火器材（灭火器、水枪、水带等）、通信器材（外线电话、手持对讲机等）以及消防头盔、灭火防护服、防护靴、破拆工具等器材，确保第一时间进行初期火灾的扑救及人员疏散撤离。

五是充分利用现代信息化技术和通信技术搭建优质、高效的网络信息化平台，不断提高信息化管理水平：建设实训室门禁管理系统，获得授权的人员方可进入，确保实训室的安全管理；建设库房管理系统，加强对各种耗材、物资的管理；建设实训室数字化视频监控系统，实现对实训室及设备运行状态的监控，便于及时发现各种安全隐患；充分利用"互联网＋""云平台"等技术，将设备进行联网，实现远程控制，避免因人员操作不当产生的安全事故。

（二）制度文化建设

安全文化作为一种社会意识，必须有相应的法律法规、制度作保障，安全法律法规作为规范和强制性安全文化的内容和推行安全文化的手段，显得十分重要。安全工作应以法律法规为依据，以法治精神为指导，制订与法律法规对接、体系完备、操作性强的内部管理制度，从理性的高度确保安全文化构建工作顺利开展[9]。

据统计，每100起安全生产事故中，其中80%是由于员工不遵章守纪造成的[10-11]。可见，人的各种不安全行为，是导致各种安全事故发生的最主要原因。俗话说："没有规矩，不成方圆。"制度对人的行为具有规范和约束作用，是建立秩序的前提和基础[12]。一个良好的制度环境将有利于学生养成良好的安全行为习惯，避免或减少学生因违反制度而发生安全事故，进而确保实训教学的顺利开展。因此，加强安全制度建设，是实训中心明确责任、提高管理效率、挖掘设备潜力、确保实训教学安全有序进行的重要保证。我们结合实训中心的具体实际，根据不同实训室制定了各种实训室安全管理规章制度（包括安全准入制度、预警和应急预案[13]），并汇编成册。这些制度起到了有效消除安全隐患、减少事故发生的作用，为中心顺利开展实践教学、创新训练及科学研究提供了有力保障。

分析高校各种安全事故发生的具体原因，大部分是由于不规范操作造成的[14]。加强制度文化建设，规范学生操作行为，让学生掌握规范的操作方法，是避免事故发生最有效的途径。为更好地规范学生实训过程的操作，有效避免各种安全事故的发生，应针对各种不同设备均制定安全操作规程，在平时的训练中，要求学生必须严格遵守操作规程进行操作，要求指导教师必须依据安全操作规程及时纠正学生实训中存在的安全隐患和对环境造成伤害的操作行为。

（三）精神文化建设

安全精神文化处于安全文化的最里层，是为全体成员所共同遵守的、用于指导和支配人们安全行为的意识观念的总称。它包括人们对安全的认识、态度、理想信念、道德规范、价值观念和心理、行为习惯等各种意识形态，是安全文化建设中最不易实现的部分，但也是安全文化的软件和核心[15]。从根本上讲，安全事故大多是因为安全意识淡薄造成的。加强安全精神文化建设，提高师生的安全意识，对于实训中心安全文化环境建设至关重要。

一是在各实训室营造安全文化氛围，悬挂相关规章制度、各种设备和各工种的安全操作规程，规范学生的实习行为。在实训室醒目地方悬挂"安全在于心细，事故出自大意""遵守操作规程，确保人身安全""无人故意出事故，事故出于无意中"等安全警示标语，让学生处处能看到安全警示，时刻注意安全，为大学生提供一种正确的安全素质形成导向。在这样的安全文化氛围熏陶下，学生们将会受到潜移默化的影响，并自觉树立起良好的安全意识。

二是积极引入企业"6S"管理制度。在各实训室悬挂"清理、整顿、清扫、安全、规范、素养"等"6S"管理制度,建立起良好的实训秩序,以加强实训管理,让学生一进入实训室就能感受到生产车间的氛围。这样不仅可以使实训环境整洁有序,营造一个良好的安全实训环境,还可以让学生了解企业文化,培养学生良好的安全行为习惯和职业素养,确保各项实训工作和活动的顺利开展。

三是加强安全知识教育与培训。可以建立安全教育展示展览室,以图片、视频的方式展示一些安全案例,让师生牢记那些血的教训,避免悲剧的再次上演。也可以采取发放学习材料、网站宣传、图片及视频展示、举办讲座和召开现场会、课堂教学和观看录像等多种形式对学生进行安全教育。通过教育与培训,使学生熟悉各项规章制度和操作规程,系统掌握一些基本的安全知识和安全技能,学会正确使用安全防护用品,懂得识别工作环境的不安全点;牢固树立"安全第一"的思想,不断提高自我保护的安全防范意识和安全修养;自觉遵守安全生产操作规程和劳动纪律,自觉遵守各种设备维修保养制度的规定,自觉爱护和正确使用机器设备、工具,自觉佩戴防护用品,自觉养成一种良好的"安全"行为习惯,并将安全意识融入日常生活和工作中。

四、结束语

几年来,钦州学院工程训练中心始终把安全工作置于首位,至今未出现一例安全事故,取得了令人瞩目的成绩,获批广西"创新创业与先进制造实验教学示范中心"。实践证明,把安全文化环境建设作为安全工作的重要抓手,从物质文化、制度文化、精神文化等方面加强安全文化环境建设,将有利于消除实训过程可能导致的人员伤亡、职业危害或设备、财产损失,有效预防各类事故灾害发生,将有助于提高学生的安全意识、职业素养、工程素质,对实训教学和"双创"活动的开展以及人才的培养都有重要的意义。

参考文献

[1] 邓浩,王国华.高校校园安全文化建设研究[J].思想政治教育研究,2014,30(5):117-119.
[2] 赵明华,孙宇冲.浅析企业安全文化建设的重要性[J].中国安全生产科学技术,2017(12):205-207.
[3] 曹阳.企业安全文化建设方法探析[J].企业改革与管理,2018(4):187-188.
[4] 陈六平,陈小娟,曾锋,等.化学实验教学示范中心文化建设的思考[J].实验室研究与探索,2012,31(4):93-96.
[5] 黄章强.浅谈高等职业院校的实训环境建设[J].湖北广播电视大学学报,2013(8):21-22.
[6] 黄炳辉,卜建,张颖.加强安全文化建设 促进高校和谐发展[J].实验室研究与探索,2012,31(2):198-200.
[7] 许嘉珉,李建民,梁惠,等.安全投入在实验室建设和管理中的重要作用[J].中国医学装备,2016,1(3):48-50.

［8］ 李杰,李平,谢启苗,等.安全疏散研究的科学知识图谱［J］.中国安全科学学报,2018,28(1)：1-7.

［9］ 王才领,徐骏.论高校校园安全文化的建设［J］.浙江工业大学学报(社会科学版),2010,9(4)：376-380.

［10］ 郭继承.加强安全文化建设,构筑铁路企业科学发展的基石［C］//中国铁道学会,世界轨道交通发展研究会,西南交通大学,成都铁路局.第三届铁路安全风险管理及技术装备研讨会论文集(上册).北京：中国铁道学会,2012：5-6.

［11］ 杨继刚,刘兴旺,张志宏.浅谈现代安全管理及其实施重点［J］.中国石油和化工标准与质量,2007(5)：35-38.

［12］ 张慧波.以制度建设优化高职教育发展环境［N］.中国教育报,2016-01-05(005).

［13］ 孟祥瑞,侯丽萍.制订应急预案 完善高校安全保障体系探究［J］.大学教育,2016(12)：183-184.

［14］ 金海萍,阮俊,冯建跃.高校实验室安全与环保教育方式和内容的思考［J］.实验技术与管理,2011,28(3)：185-187.

［15］ 牛焕双,张润杰,刘滨.以安全文化建设促进高校化学实验室安全管理［J］.实验技术与管理,2013,30(9)：199-201.

(来源：《中国教育技术装备》,2019.2)

工程训练中心危机防范策略的研究

张科研，韦相贵，孙继旋

（钦州学院，广西钦州，535000）

摘要 为了实现实践教学中危机的有效预防、及时控制，本文从强化师生安全责任意识和自我防护意识，加强危机预案演练，锻炼师生的应急救援技能和事故处理能力入手，科学管理实训室，通过安全检查—识别—处理的流程建立有效预警机制，最终给予危机防范策略优度值的定量评价，整体上分析了工程训练教学中心建立危机防范策略的步骤，为校园危机管理提供思路。

关键词 工程训练中心；防范；策略；安全

2018 年 4 月 21 日，桂林桃花江发生龙舟翻船事故，致 17 人遇难，引起全社会对安全的重视。此事故的发生，侧面反映出安全管理的疏忽以及危机防范策略的严重缺失。所以安全生产、安全工作是开展一切活动的重要前提。工程训练中心作为高校重点实践教学基地和科研平台，涉及大型、精密、具有一定危险性仪器设备的操作和实验。此外，工程训练中心不仅仅承担传统的金工实习，目前已适度拓宽为电工电子实习、创新创业基地以及各赛事赛项的实践平台，管理的复杂化和细节的疏忽极易导致危机事件发生。校园安全事故，不仅影响部门的可持续发展，还将影响学校形象。因此，需要建立针对工程训练中心的更为科学的危机防范策略，确保广大师生员工的生命财产安全。

一、提高大学生危机意识和处事技能[1]

大学生是具有较强求知欲和探索精神的群体，乐于参加导师的科研项目、各类创新赛事，但大学生实践危机意识薄弱，对危机的发生存在侥幸心理。然而，一旦遇事往往手足无措，从而造成严重的后果。尤其对于理工科学生，在创新过程中的设计—加工—装配—调试的整个流程都存在危险，特别是加工过程中学生操作的不娴熟，遇事的不冷静，都有可能导致危险发生的发生。因此，大学生危机意识和

基金项目 广西教育系统维护学校安全稳定研究课题（20161C073），钦州学院维护学校安全稳定研究课题重点课题（2017QYAW06、2017QYAW04），钦州学院本科教学改革项目（2016QYJGZ22）。

作者简介 张科研（1989— ），女，山东济宁人，硕士，讲师，研究方向为特种加工工艺、课程改革以及安全建设。

事故处理能力的薄弱是造成实训室安全事故的重要因素。

(一)安全意识——理论知识

目前,我校对参加工程训练实践教学活动的学生,都事先进行安全教育培训8学时,在安全考核环节学生自行完成纸质试题,教师批阅审核步骤缺失。

针对我校现状,提出减少纯理论安全讲解(控制在4学时以内),可分散到不同实习工种的课前结合具体操作进行安全演示。实践活动开始之前,指导教师必须向学生宣讲本实训室的安全注意事项以及仪器设备的安全操作规程,使学生明确实践活动的目的、原理、步骤,了解可能存在的安全风险,提前做好安全防范准备。对存在安全风险的操作,指导教师必须进行现场演示,并根据实践教学活动的具体内容,提供必要的安全防护用具(如焊接用的防护眼镜和手套),检查安全防护用具的穿戴是否规范。

此外,可建立安全信息化平台,实现对学生安全理论知识的考核,简便快捷。学生通过理论考核后开展活动前,需签订《实训室安全承诺书》,再次强化安全意识。

(二)危机预案演练——实践技能

将理论安全知识与危机演练相结合,有计划地组织危机演练,提高危机处理的组织协调合作能力以及师生自救、互救的能力,起到未雨绸缪的作用。

应该全程、全面地明确可能存在的各种危机,制定相应的防范预案和应对策略,定期开展不同项目的危机演练,如火灾事故、电气火灾事故、仪器操作安全事故以及人员伤害的抢险救援等。危机演练前需合理设计流程、内容,调动广大师生积极地参与疏散、自救、互救演练,同时检验部门组织结构的协调配合作战能力和学校危机救援的能力,最后反思演练是否达到预期目的,给予过程评价和改进建议。

二、教师职责

工程训练中心应建立危机防范组织机构(如总指挥、联络组、处置组、疏散组),明确各组织的分工,且明确各级指挥、各级组长以及指导教师所担任的具体职责。

组织领导应当依规组织教职工参加相应的技能培训,获得相应工种的资格证书,尤其对操作易制毒等危险化学品或大型、精密仪器等特种设备的指导教师必须要求持证上岗。此外,定期对实训室进行督查和开展安全教学会议,提出整改意见,不断健全危机防范策略。发生危机事件时,能做出具体科学的部署。

指导老师作为一线安全保障者,负责指导学生实践。教学期间的日常安全管理工作,是实践教学安全管理工作的直接责任人。要求指导老师以身作则,坚守工作岗位,不得擅离职守。实践教学期间应对学生从严要求,教育学生时刻注意生产操作安全,将各类存在的危险扼杀在萌芽中。

三、实训室管理的规范化

实训室管理的规范化包括实训室文化建设、实训室仪器设备布置及排查、实训室安全通道、安全品放置等。

实训室文化中涉及不同实训室、不同教学项目,需要制定双语安全操作规程并粘贴,实训室内应粘贴"安全操作""禁止明火""禁止抽烟""安全通道"等标识,让学生形成自觉遵守实训室安全、卫生等规范的习惯。确保各类设施设备配置符合国家、行业标准且运行状况良好。实验用危险品储存、使用、回收等要求和废弃物处置办法,遵照学校实验室管理的有关规定执行。依据部门教学特色,制定符合自身的实训室安全保障体系,使所有行为有据可依。

四、建立危机预警机制[2]

预警作为危机管理的首道防线,具有极其重要的作用。在实践教学上,预警机制所包含的过程有检测、识别、处理。利用现代监控、门禁系统和报警技术,实现办公室远程实时监督指导教师教学执行情况、学生所用设备安全情况。对于操作情况以及开放实训室的进出情况等,及时做出是否存在危机的识别,利用报警装置对操作者发布安全提示。此流程的执行,关键在于实训室管理员的监督和检查。

五、危机防范策略的量化评价

目前,危机发生后一般需提交突发事件情况报告,内容包括突发事件发生的时间、地点、性质、发生原因、现场处置措施、经验和教训及定性评价所执行策略的优劣程度,不能更具体地认识待改善的地方以及需要重视的策略方法,因此提出建立危机防范策略评价指标体系的数学模型,计算出每一个策略的优度[3]。

王汝发在《危机防范策略的量化评价》一文中,给出了策略量化的具体方法和步骤。其中,应用在关于工程训练中心的危机防范策略,其一级指标即以上提出的大学生的危机意识、事故处理技能、危机组织管理、各级别教师职责、实训室管理及危机预警机制,同样拓展二级指标,通过给定权重并计算出每一个策略的优度(限于篇幅本文不再赘述)。

六、结束语

危机防范策略要做到"全员、全程、全面",即组织领导、师生的全员检查—监督—整改—演练—反思的全过程,全面地给出防范策略并依据事故的发生反思策略的可行性,也可通过数学模型计算出每一个策略的优度,给予后期指导。危机防范策略研究是一个不断完善的过程,需调动各个方面的软硬件资源及人力,保障一切实践教学活动的正常开展,杜绝危机事件的发生。

参考文献

[1] 田国胜,王健.大学校园危机防范与应对策略研究[J].大连民族大学学报,2017,19(2)：185-187.

[2] 裴刚.基于大数据的公共卫生危机预警机制研究[J].应急救援,2017,35(4)：386-389.

[3] 王汝发.危机防范策略的量化评价[J].中国行政管理,2005(3)：105-107.

（来源：《新智慧》,2018.2）

二、课程建设与教学方法探索

基于金工实习教学改革的微课制作研究与实践

韦相贵[1]，傅水根[2]，张科研[1]，刘浩宇[1]，王帅帅[1]，王海霞[1]，蒋庆华[1]
（1. 钦州学院，广西钦州，535000；2. 清华大学，北京，100084）

摘要 根据目前金工实习教学"内容多，时间少"的现状，结合"微"时代下金工实习教学改革实际，从知识点的选取、命题、教学设计、素材搜集与制作、编辑录制等微课制作关键环节进行研究，提出将金工实习理论教学或实习、实训教学中的知识点制作成微课进行辅助教学的方法，使高深的理论变简单、简单的问题变有趣，可提高学生自主学习的积极性，为金工实习教学改革和教学质量的提高提供参考。

关键词 微课；金工实习；微课制作；教学改革

引言

教学内容和体系的改革历来被认为是改革的重点和难点，人们往往要花较大的力量去解决，而教学方法和教学手段的改革则可能由于投入的不足而变得跟不上形势。我们若能逐步采用现代教育技术，就可能做到既保证课堂教学的高效率又便于学生吸收掌握[1]。随着移动通信技术、社交媒体以及开放教育资源的蓬勃发展，"微"教学模式逐渐在全球范围兴起[2]。人们的阅读方式正在悄然发生变化。微课是现代环境下一种可移动的、以微视频方式介绍某个知识点的片段化、碎片化的重要教学资源。微课以其易获得、时间短、内容精、模块化、情景化等特点满足了广大用户学习方式的多样化需求[3]。如何有效制作微课助推金工实习教学改革，很值得我们研究。本文将从知识点的选取、命题、教学设计、素材搜集、编辑录制等各环节对金工实习微课的制作进行探讨。

基金项目 教育部机械基础课程教学指导委员会/工程训练教学指导委员会2014年教育科学研究立项项目（JJ-GX-jy201436、JJ-GX-jy201402）；钦州学院教改项目（2014XJJG-C16、QZXYKJ2014-A03、QZXYKJ2014-D11、QZXYKJ2014-D12）。

作者简介 韦相贵（1967— ），男，广西桂平人，副教授，钦州学院工程训练中心主任，主要从事工程训练和教育教学管理等方面的研究。邮箱：wxg101@163.com。联系电话：15878943616。

一、微课知识点的选取

微课最大的一个特点就是其内容的"点"状、碎片化[4],是对某个知识点进行讲述或演示。如何选取知识点,是必须考虑的首要问题。就知识点而言,其内容是很广泛的,可以是教学环节中的重点、难点、疑点,也可以是实践教学中的安全知识、专题、实验活动、实训项目介绍;可以是知识解读、问题探讨、要点归纳,也可以是方法传授、教学经验等技能方面的知识讲解和展示。教师可以根据自己的教学经验总结,结合学生的学习情况及具体教学内容进行认真分析,充分挖掘其中的重要知识点作为制作微课的知识点。

围绕着机械制造的金工实习内容很多、很杂,常规的实习内容就有车工、铣工、刨工、磨工、钻削、镗削、钳工、铸造、锻压、焊接、钣金等 10 多个工种,每个工种又有许多项目,仅焊接就有电弧焊、氩弧焊、气焊、超声波焊等数十种不同的焊接。随着科学技术的发展,还不断有先进制造工程技术渗透进来,如数控机床、加工中心、机器人、消失模铸造、真空铸造、快速成型、虚拟制造、虚拟仿真等,致使金工实习的内容越来越丰富。这就为金工实习微课制作提供了大量可选知识点素材。从这些内容不难看出,金工实习与其他课程最大的不同就是其杂、多、广、逻辑性差的特点。(当然,无论如何"杂、多、广、逻辑性差",金工实习都是以制造工艺为主线的。将这些涉及面很广、看似零碎的工艺知识点关联起来,这就是制造中的工艺规律,通过与制造工艺主线的联系,最后形成生产中所需要的工艺能力。如果我们不抓住这条主线,如果我们在思想认识的深层次,真正认为这些知识点很零碎,无论是教师还是学生,都会认为没有意思。所谓提纲挈领,其中的"纲"和"领"就是制造工艺规律。诸多的知识点,正是建构制造工艺的基础。)各章节之间缺乏必然的内在联系、缺乏前后关系,可以先学前面的内容,也可以先学后面的章节。因此正好可以利用微课片段化、碎片化的特点制成各种微课。如"电弧焊"部分的内容就有很多可制作微课的知识点:电弧焊原理、焊接参数的选择、横焊(立焊、平焊、仰焊)技巧、管焊(管板焊、管管焊)焊接要领、法兰盘的焊接、焊接缺陷分析、运条方法……

知识点的选取应尽量"小而精",并具备一定的独立性、示范性、代表性,应针对教学过程中的重点、难点、疑点问题,应是某个具体知识的"点",而不是抽象、宽泛的"面"。如"5min 读懂车床铭牌"就只是针对如何看懂"车床铭牌"这个"点"而制作的微课。

二、微课的命题

如何给微课命题是微课制作中的关键问题。一个好的微课首先要有一个好的题目,要遵循"重难点或关键点要突出、名字要响亮、要有吸引力"的原则进行命题。第一,要避免选题太大、重点不突出、缺乏个性、没有针对性。如"金工实习绪论"这样的微课题目一般情况不用,因为显得过大。但如果是作为金工实习微课系列中第一个介绍金工实习内容的微课,在这种特殊情况下还是可以的。

第二,可根据所要讲述的知识点,结合学生们比较感兴趣的、喜闻乐见的新闻事件及热点问题拟定题目,能一下就抓住学生的眼球。如要讲述锻造的意义,因飞机 70%的重要零部件都是锻件,锻造的质量对飞机的重要性就不言而喻了,而学生大多对飞机都比较感兴趣,用"马航 MH370 引发的思考"作为微课题目引入话题,定会有很好的吸引力。

第三,可选用日常生活中司空见惯的、似懂非懂的、又很容易产生共鸣的问题作为微课的题目,如"如何区分熟铁、生铁和钢""焊条电弧焊的原理"。这样的题目就很容易使学生产生想去看看的强烈欲望。

第四,大多情况下,微课是直接用知识点或重、难点作为题目,如"车刀的种类及其选择""车削台阶轴""切削用量的选择""錾口榔头的制作""法兰盘的加工分析""回火的原因及其处理"。学生一看题目,就知道哪些是自己不懂的,哪些是必须要了解的,便可根据自己的实际需要选择学习。

三、微课的教学设计

尽管微课的内容很少、时间很短,有的甚至只有几分钟时间,但微课仍然是结构完整、相对独立的一个教学课例,也和传统的课堂教学一样具备一些基本教学要素,如教案、课件、习题、教学反思。所以,微课在选定题目后,就要对其进行讲授、演算、分析、推理、答疑等教学环节的设计,明确教学对象和教学目标,做好资源准备,确定教学过程和录制方式,解决教学过程中的重点、难点和疑点,并制定微课教学设计方案,如"车削用量的选择"微课教学设计方案(表 1)。微课要体现短小、精彩、特色。

表 1 "车削用量的选择"微课教学方案

	知识点名称	车削用量的选择方法及原则
	所属课程	金工实习
基本信息	所属学科、专业	理工科各专业
	适用对象	大、中专学生,工科实践教学
	微课时长	10min
教学目标		掌握根据工件实际正确选用车削用量的方法
资源与环境		PPT、录屏软件
教学过程		(1)简单回顾车削用量的基本概念,并提出"如何选用车削用量"的问题; (2)就车削用量的选择逐一以动画、视频方式,结合具体工件进行演示、分析、讲解; (3)提出课后思考题
设计理念与特色		以动画及视频的方式进行演示、讲解,并结合具体工件进行分析,使学生能形象、生动、具体地了解并掌握车削用量的选择。关键是具体工件车削用量选择的动画制作和视频的拍摄

第一,要明确教学目标。在完成设定教学目标的同时,能够有效地解决实际教学问题。特别是实践类课程,要起到提高学生思维能力的作用。如学生通过"车削用量的选择"微课学习,就能较好地掌握"选择车削用量"这一实际问题。

第二,要对教学过程进行精心设计。教学过程要尽可能做到深入浅出、形象生动、精彩有趣、启发引导性强,要有利于提升学生学习积极性和主动性。教案要围绕所选主题进行设计,要突出重点、注重实效;习题设计要有针对性,努力做到设计合理、难度适中;课件设计要形象直观、层次分明、简单明了,正确选择使用各种教学媒体,力争有较好的教学辅助效果。教学过程的设计要突破传统的模式,实现由"一般性的教→学"到"技术支持的学→教"的转变,推动学生向自主学习方式的转变。如"车削用量的选择"微课,学生不需走进教室,就能进行"车削用量"的自主学习,还可以相互间进行讨论,有不明白的,再请教老师。

第三,要有特色。结合教学内容力争教学形式新颖,兼顾趣味性和启发性,如采用问题引导的教学方法。

四、微课素材的搜集与制作

俗话说"巧妇难为无米之炊"。没有材料,技术再高明的厨师也做不出美味佳肴。同样,没有素材,任何一位教师也不可能做出一个好微课。要制作一个好的微课,必须充分搜集或制作各种可能有用的微课素材。同时,要注意所选素材必须严谨充实,无科学性错误,能理论联系实际,并尽可能与社会和学科发展同步,使学生在金工实习的过程中了解最新的制造技术[5]。

第一,文字、图片材料的搜集。要搜集大量诸如实习、实训操作或设备等与教学内容相关的文字、图片,供制作时选用。文字及图片的搜集应紧扣主题,应能更准确、直观、形象地展示教学内容。

第二,视频的搜集或拍摄。视频资料的合理运用,可以使内容变得更加直观生动,可展现无法实际操作的内容,如一些先进制造生产过程。特别是金工实习这样的实践、实训类课程,采用教学视频可增强现场氛围和真实感,学生更容易接受和理解。如"5min读懂车床铭牌",拍摄实际工件的分析及操作,对铭牌上数字对应的车床挂轮及手柄调节操作进行特写拍摄,能较好地说明它们之间的对应关系,让人很快明白如何通过铭牌进行操作调节。

第三,动画的搜集或制作。微课中合理使用动画效果,可使课件的观赏性增加,并有助于对内容的理解。好的微课要结合教学内容制作一些必要的动画。如"焊条电弧焊的原理",要讲清"气体电离""气体放电现象""什么叫电弧"等问题,仅靠文字、图片或视频都难以做到,最佳选择便是动画。但动画必须与内容贴切,起到画龙点睛的作用。

五、微课的编辑制作

微课与其他教学资源最大的不同就是其"短、小、精、悍"的特点,即时间短、容量小、内容精、针对性强、有吸引力。要制作一个好的微课,就必须了解一些影响微课质量的重要因素,如受众是否明确、知识点是否详细准确、语言是否通俗易懂、PPT是否有视觉美感、视频画质是否清晰、音乐是否配合得好、时间是否太长等等。否则,制作出来的微课就可能重点不突出、思路不清、杂乱无序、没有个性、缺乏针对性、片头或导入太长、学生不感兴趣。只有对各种素材进行认真的、合理的、有效的编辑制作,才能制作出一个短小精悍的、学生喜爱的好微课。学者还指出了在微课程录制时需要注意一些细节[6]。

第一,要掌握必要的制作技巧。微课特点之一就是时间短,有的只有几分钟。因此,必须对搜集到的各种图片、文字材料进行处理,反复斟酌,使文字、图片、背景及背景音乐的使用相得益彰,突出主题。文字要注意字体、字号、颜色及字数,尽可能做到少而精,言简意赅,准确无误,并能突出重点和难点;图片要与主题相符,注意统一性、整洁性,图版率在50%~90%;背景应尽可能前后一致或基本一致,淡雅为主,多为纯白底黑字或黑底白字,颜色不能太多,避免背景对主题的干扰,否则易造成不好的视觉效果;背景音乐应视内容选用欢快、缓慢或清新淡雅的,要注意与主题相符,不能滥用。

第二,要掌握一定的动画、视频编辑技术。动画和视频的合理使用,会起到很好的教学辅助作用。但微课时间有限,视频的使用不能过多,否则会冲淡主题。如微课"金工实习绪论"的制作,就要有丰富的视频素材以增加学生的兴趣,如飞机、汽车生产制造装配视频,铸造、锻造加工、先进制造视频,学生参加相关大赛或实习的视频,使学生通过这些视频很快了解到金工实习的基本内容,并激起想马上实习的冲动。如果不对大量的视频资料进行合理的编辑处理,是不可能做好微课的。

第三,要注意录制中的有声语言和态势语言。教师的语言表达要规范、清晰、富有感染力,要注意抑、扬、顿、挫,切忌从头到尾都一个声调、没有高低声、没有快慢。如教师出镜,则需注意自己的仪表仪态、行为举止,有时一个不经意的动作,就有可能带来不好的影响。所以,教师要仪表得当,教态自然,能展现良好的教学风貌和个人魅力。

第四,要结合实际选择恰当的"微课"制作方法。可以用手机、数码相机、DV摄像机、视频摄像等一切具有摄录功能的设备,以白板、黑板、白纸、课堂、游戏活动、表演等各种展现微课教学的一种或几种形式进行拍摄;也可以用安装在计算机中的Camtasia Studio、Snagit录屏软件或屏幕录像专家,以PPT、Word、画图工具软件、手写板输入软件等呈现教学过程的一种或几种方式进行录制。

第五,录制完毕,要对录制视频进行简单的后期制作和必要的编辑、美化。金工实习微课的制作,在色调和背景方面应考虑这门课的特点,尽可能使其具有"金属味"。俗话说,良好的开头是成功的一半,微课片头在设计上要考虑能引人入胜。如录制时所用的格式不是 flv 格式,录制后尽可能用"格式工厂"将文件转换成 flv 格式,以减小容量,便于在线、下载观看或阅读。

六、微课的教学效果

传统的教学资源大多是以课时(包括单元和章节)为单位开发,资源过大过长,资源主题和特色不够突出,使用不方便。教师与学生使用频率最高、需求程度最大的是能直接解决教与学实际问题的资源类型[7]。微课以其"短、小、精、悍"及移动性、碎片化的特点,越来越受到学生们的喜爱,可以自由灵活地学习,可以充分利用零星的时间。我们 2014 年制作提交的两个微课参赛作品"金工实习绪论"和"如何区分熟铁、生铁和钢",在第十四届全国多媒体课件大赛微课组比赛中均获得了三等奖,点击率均超过 2 万人次,获得组委会颁发的"最佳人气奖"(获此奖项的仅为参赛作品的 5%)。这也说明学生对"如何区分熟铁、生铁和钢"这样一些话题的喜欢和关注。实践证明,多媒体技术的灵活运用,可有效地提升课堂教学效果[8]。微课已得到教育界的广泛重视[9]。

微课作为一种新型的资源形式,为学习者的学习提供了一个良好的学习辅助环境[10]。要制作一个好的微课,教师需要投入很多的精力。为了能做出更多好的微课作品,促进教学质量的提升,学校应出台相关政策,从物质和精神上给予更多的支持,支持教师制作微课,鼓励教师参加各种比赛。目前,关于微课的比赛有全国范围的比赛,也有省级范围的比赛,各高校也在校内开展相关比赛,如全国高校微课教学比赛、全国多媒体课件大赛(微课组)、广西高校教育教学软件应用大赛(微课组)。制作微课当然不是为了参加比赛,最主要的目的是充分利用现代教育手段优势及网络功能开展教学,以提高教学质量。但是,比赛却能给教师们提供一个互相交流和学习的平台,有利于提高微课的制作质量,有利于满足学生个性化学习的要求,进一步促进教学改革。

七、结束语

在我国工程实践教学基地的规模和教学内涵大为拓展的同时,实习时间却在不断紧缩,在实践教学时间紧缩而工业实践难以到位的情况下,要实现各种实践教学改革,难度非常之大[11]。随着微博、微信、微电影等微浪潮的兴起,人们的阅读以及学习生活的习惯逐渐在微化[12]。金工实习内容很多,但时间却很有限。用现代教育技术将金工实习理论教学或实习、实训教学中的知识点、加工方法和注意事项制作成微课进行辅助教学,将高深的理论变简单,将简单的问题变有趣,可大大提高学生自主学习的积极性。如今,"互联网+"战略上升至国家层面[13]。充分运用互联网技术开展教育教学,让学生充分利用业余时间对实习内容进行自学,便可减少教师用于讲课的时间,从而相对增加学生动手实习的机会,必将有利于提高学习效率,有利于提高金工实习的教学质量,有利于技能人才的培养。

参考文献

[1] 傅水根,张学政.金工课程改革应处理好五个关系[J].教学与教材研究,1998(3):25-27.

[2] 梁乐明,曹俏俏,张宝辉.微课程设计模式研究:基于国内外微课程的对比分析[J].开放教育研究,2013(2):65-73.

[3] 黄建军,郭绍青.论微课程的设计与开发[J].现代教育技术,2013(5):31-35.

[4] 王琦,余胜泉.从学习元看微课评价的设计[J].中国教育网络,2013(10):22-25.

[5] 孔晓玲,尹成龙,王睿,等.多媒体技术在金工实习中的应用[J].高等农业教育,2007(12):62-64.

[6] LIU X,WANG L. The analysis on systematic development of college microlecture[J]. Higher Education Studies,2013,3(6):65-70.

[7] 胡铁生.微课:区域教育信息资源发展的新趋势[J].电化教育研究,2011(10):61-65.

[8] 侯艳君,张太萍,郝用兴."大工程观"下《金属工艺学》课程的教学改革与实践[J].教育研究,2011(7):527-528.

[9] 张生,王丽丽,苏梅,等.微课程设计要素探讨[J].中国电化教育,2014(9):72-77.

[10] 何晓萍,蒋鑫.微课资源的建设与应用探讨[J].中国教育信息化,2014(9):43-46.

[11] 傅水根.我国高等工程实践教育的历史回顾与展望[J].实验技术与管理,2011(2):1-4.

[12] 张志宏.微课,一种新型的学习资源[J].中国教育技术装备,2013(7):50-51.

[13] 管吴澄."互联网+"时代来了![EB/OL].(2015-03-05)[2016-05-16]. http://biz.zjol. com.cn/system/2015/03/05/020537436.shtml.

(来源:《实验室研究与探索》,2016-03-15)

微课在金工实习教学中的应用研究与实践

韦相贵,张科研,蒋庆华,席红霞,王海霞

（钦州学院,广西钦州,535000）

摘要 在分析微课特点及其作用的基础上,结合金工实习教学实际,探索微课用于金工实习教学的意义,对金工实习微课制作中选题、素材搜集、制作技巧等重要环节进行探讨,为金工实习教学改革提供参考。

关键词 微课；金工实习；教学改革

引言

金工实习是工程训练的重要内容。随着科学技术的飞速发展,新工艺、新技术不断渗透到金工实习的内容中。然而,在我国工程实践教学基地的规模和教学内涵大为拓展的同时,实习时间却在不断紧缩,在实践教学时间紧缩而工业实践难以到位的情况下,要实现各种实践教学改革,难度非常大[1]。面对"内容多,时间少"的矛盾,为有效提高金工实习的教学质量和教学效果,教师们一直在探索各种教学手段和方法。

随着 2015 年年底第二届世界互联网大会的结束,"互联网＋"已成为人们用得较多的一个热词。运用互联网强化教学,必定成为一种潮流。运用各种现代信息技术作为辅助教学手段,有助于学生在有限的时间及有限的实习、实训条件下,更好地学习并掌握金工实习的相关知识。微课便是其中较为有效的一种教学方式。

一、微课及其特点

微课是一种可移动的、碎片化的、以微视频方式介绍某个知识点的教学资源。在具体教学中,微课所讲授的内容呈"点"状、碎片化。这些知识点,可以是教学环

基金项目 教育部机械基础课程教学指导委员会/工程训练教学指导委员会教育科学研究项目：基于转型中的应用技术大学工程训练中心建设研究与实践（JJ-GX-jy201436）；广西区教改项目："跨学科科研探究"课程研究与建设(2015JGA363)；钦州学院教改项目：基于应用型人才培养的"金工实习"课程建设研究与实践(2014XJJG-C16)、应用型转型地方高校依托工程训练中心构建工程实践教学新体系的研究与探索(2015QYJGB20)。

作者简介 韦相贵(1967—)，男,汉族,广西桂平人,学士,副教授,主要从事工程训练和教育教学管理等方面的研究。

节中的重点、难点、疑点,也可以是实践教学中的安全知识、专题、实验活动、实训项目介绍;可以是知识解读、问题探讨、要点归纳,也可以是方法传授、教学经验等技能方面的知识讲解和展示。微课是课堂教学的有效补充形式,微课不仅适合于移动学习时代知识的传播,也适合学习者个性化、深度学习的需求。微课具有可移动、碎片化、内容精、时间短、容量小、针对性强、结构完整、有吸引力、制作方法灵活等诸多特点[2]。

可移动:微课一般都是制作好以后上传到网络上,学生可以通过多种终端访问、下载,实现移动学习和随时随地学习。

碎片化:微课的内容可以是某个知识点(如重点、难点、疑点),可以是某个教学环节(如安全知识、实训项目),可以是学习中的重点、难点问题的解答,也可以是某个知识点的补充,学生可以任意选择,随时学习。

内容精:微课是为了解决教学中某个知识点或某个具体问题而制作的,并非某个章节内容,所以主题突出、问题聚焦、内容少而精。

时间短:微课时长大多为 10min 左右,少则 5min,多也不会超过 20min,不会给学生造成视觉上的疲劳。

容量小:微课的容量较小,一般不超过几十 MB,全国的微课比赛一般要求不超过 20MB,便于学生下载、存储、观看和学习。

针对性强:微课一般是针对某个具体问题或知识点进行制作,有较强的针对性,便于学生有针对性地选择学习。

结构完整:微课虽然只有几分钟时间,但也是一个结构完整的教学,基本包括所介绍内容的完整教学过程,确保学生对知识的掌握和理解。

有吸引力:微课一般都经过精心选材、精心制作,集视频、动画、图片、文字及解说于一体,富有吸引力。

制作方法灵活:微课具有半结构化框架的开放性优点,具有很强的生成性和动态性,其中的资源要素(包括微课视频、教学设计、素材课件、教学反思、教师点评等)都可以修改、扩展和生成,并随着教学需求和资源应用环境的变化而不断地生长和充实,进行动态更新。

这些特点必将有利于微课的推广和应用。微课将各类资源与特定的主题教学活动"捆绑",并进行模块化、主题化的关联和组合,是提升教学资源"品质"的有效方法之一[2]。

二、微课在金工实习教学中的作用

当今的世界已进入一个无纸化时代、3D 时代、移动媒体的时代。学生们已离不开手提电脑、平板电脑、手机、Ipad 等各种现代化工具。如能让学生充分利用手中的现代化工具进行非正式学习、碎片化学习、可视化学习、协作学习、互动学习、无线学习,让学生能在笑中学、玩中学、讨论中学、吃中学、活动中学,定会起到事半功倍的效果。正如EEPO(有效教育)创始人孟照彬教授说的："无处不教学、无处不教具[3]。"

金工实习具有杂、多、广、逻辑性差的特点。传统的金工实习内容包括切削加工、锻压、铸造和焊接这4个方面,有车、铣、刨、磨、钻、镗、钳、铸造、锻压、焊接、钣金等10多个工种,每个工种又有许多项目,仅各种焊接就有几十种之多。由于近年来机械制造工程技术的不断提高,新工艺、新技术不断渗透到金工实习的内容中,如数控机床、加工中心、机器人、消失模铸造、真空铸造、快速成型、虚拟制造、仿真技术等,致使金工实习的内容越来越丰富。每个工种相互之间,即使同一工种不同项目之间(如焊接中的电焊和气焊、钳工中的锯和锉等),几乎都没有必然的内在联系,不管理论知识还是技能操作,几乎没有先后逻辑关系,先学后学哪个知识点都可以,不会像其他学科那样知识前后连贯性较强、联系较密切,前面没掌握,后面的内容就可能看不懂。这是金工实习与其他课程最大的不同。

用现代教育技术将金工实习理论教学中或实习、实训中的知识点、加工过程、加工方法和注意事项制作成微课进行辅助教学,将高深的理论变简单,将简单的问题变有趣,必定会起到意想不到的教学效果。

第一,使学生想学、愿意学、主动学。由于微课集图、文、声、像于一体,变抽象为直观、变无形为有形、变枯燥为生动,使教学中难以表达、学生难以理解的内容变得容易。由于微课大多经过精心制作,形式多样,更富有吸引力,进而提高学习效率。

第二,学生可根据各自实际采用笔记本电脑、手机等各种多媒体数码终端设备,实现对微课的接收、存储、学习和流通。有利于学生查看教案课件和教师点评信息,有利于学生充分利用日常生活中各时间段的零散时间随时随地进行快餐式、自助餐式的在线学习、远程学习、移动学习、自主学习和个性化学习,有利于学生对知识的消化理解,让学生的学习变得富有吸引力、充满活力,从而有效激发学生的学习、实习兴趣。

第三,可解决实习中一些难以解决的问题。对于某些专题,考虑到教学效果、场地和安全等因素的内容,教学现场不可能容纳太多学生,而且现场教学也难收到较好效果。学生通过微课学习便可以了解基本操作要领,然后在实习指导老师的辅导下进行操作练习,自然会有好的效果。一些不太可能让学生练习、却要求学生掌握的内容,如《海船船员适任考试与评估大纲》中的气焊时的回火处理和气焊设备着火处理,通过微课方式进行教学也可以收到较好效果。

第四,丰富教学资源,可以弥补实习条件的不足。特别是面对金工实习不断增加的内容,高校不可能马上满足实习设备需求。随着社会的发展,高校普遍存在实习设备种类、数量有限,场地不足,实习时间不够等问题,这是难免的。这必然在一定程度上给学生的实习造成影响。利用微课等现代教育教学手段,可起到弥补实习条件不足及教材内容更新不及时带来的不利影响,通过微课能让学生对新技术、新设备有一个初步的认识和了解,丰富学生的知识面。

第五,由于进行金工实习的学生人数在不断增加,教师很难做到面面俱到,很难满足学生的个性化学习要求,学生对自己感兴趣的知识点可以通过微课按需选择学习,微课不仅可以作为教学资源的补充和拓展,也可以供学生进行查漏补缺或者巩固所学知识。

第六,作为一种新型的教学资源,微课的推广,给学生自主学习创造了条件,必将会减少教师讲授的时间。在相同的实习时间内,就可相对增加学生动手实践的时间,进而增强学生的技能。特别是对于目前普遍存在"内容多、时间少"的矛盾,会起到一定的缓解作用。

第七,由于微课突破了传统的听、评课模式,由"教→学"到"技术支持的学→教",以变革课程教学模式、推动学生学习方式转变为核心的微课教学资源的建设,有助于提高人才培养质量。

第八,要制作一个好的微课,教师必须查阅大量资料、不断总结、反复提炼,还要视不同内容采取不同的现代化的制作手段,更具有针对性和实效性,无疑对教师的综合素质提出了更高的要求。同时,微课也将有利于教师间的课例观摩、评课、反思和研究,进而促进教师自我提升以及教师相互间的交流分享,促进金工实习的教学改革。

三、金工实习微课的制作

随着移动通信技术、社交媒体的快速发展,微课正以其独特的优势博得越来越多师生的青睐,它将在一定程度上弥补实际教学中的不足,"微"教学模式逐渐在全球范围内兴起。金工教育工作者应紧跟时代的步伐,努力制作出一系列学生喜爱的微课作品,助推金工实习教学改革,促进金工实习教学质量的不断提高。但是,目前有不少微课也存在选题太大、重点不突出、片头或导入太长、不够短小精悍、个性化不够、针对性不强等诸多问题。要想真正把一个微课做好,必须明确微课是为了让学生理解某个知识点而制作的,必须做到短小精悍、便于网络传输分享和学生自学。为此,制作者必须掌握一些关键要素:要把微课功能理解透彻,时间不能太长,要明确受众,知识点要细并且准确,语言要通俗易懂,PPT 要有视觉美感,视频画质要清晰,背景音乐与主题配合要好等。总之,一个好的微课需考虑的因素较多,最主要有 3 个方面。

(一)微课题目的选择

题目的选择是首要问题。一个好的微课首先要有一个好的题目,必须遵循"重难点或关键点突出、名字响亮、有吸引力"的命题原则。可选热点问题作为题目,一下就能抓住学生的眼球,如"马航 MH370 引发的思考";可选用日常生活中司空见惯、易产生共鸣、却似懂非懂的问题,如"如何区分熟铁、生铁和钢""焊条电弧焊的原理"；大多直接用知识点或重点、难点作为题目，如"快速读懂车床铭牌""车削台阶轴""切削用量的选择""焊接参数该如何选择""鏨口榔头的制作""法兰盘的加工分析""回火的原因及其处理"。

（二）微课素材的搜集与制作

没有好的素材，要想制作一个好的微课是难以想象的。因此，必须查阅各种资料、确保知识的准确，并做好现场录像等一系列工作。

第一，材料的搜集与剪辑。文字要做到少而精、准确无误、重点和难点突出。图片应能更形象地展示教学内容，使内容直观、形象、生动，解决文字和语言难以描述的问题。如"金工实习绪论"的制作，因涉及内容很多，必须要有很丰富的素材。但微课时间又很有限，有的内容可能只有十几秒甚至几秒钟时间，如何在有限的时间内通过视频、图片、文字将金工实习"是讲什么的""为何要学习""如何才能学好"讲清楚，必须经过周密思考并做好各种素材的选择与剪辑。

第二，视频的拍摄、搜集与剪辑。视频资料可以使内容变得更加生动、形象，有时可展现课堂上无法实际操作的内容，或者可以获得更佳的教学效果。如"快速读懂车床铭牌"，通过拍摄一些与内容相辅的视频影像资料，能较好地说明车床挂轮位置及手柄位置的变化与铭牌上数字的对应关系。需要注意的是，为避免冲淡主题，不能过多使用视频。

第三，结合实际要有一些必要的动画制作，微课中合理使用动画效果，可使课件的观赏性增加，并有助于对内容的理解。如"焊条电弧焊的原理"，要讲清"气体电离""气体放电现象""什么叫电弧"等问题，靠文字、图片或视频都难以做到，最佳选择便是动画。但动画必须与内容贴切，起到画龙点睛的作用。

（三）微课的制作技巧

掌握必要的制作技巧是制作好微课的必要条件。要对微课进行整体设计，制作好 PPT 课件。要注意文字、图片、背景及背景音乐、配音等各个环节可能对微课造成的影响。

第一，要对大量的素材进行反复比较、修改、提炼、设计，如"熟铁、生铁和钢"可设计为 4 个环节：引入、钢铁的区分（从 6 个方面进行区分）、钢铁的鉴别（总结归纳出"一看、二听、三磨"的鉴别方法）、思考。

对于文字，要注意字体（少用宋体、隶书、行书）、字号（一般用 40±6）、颜色（应与背景形成强烈反差）及字数（应言简意赅，每页文字建议不超过 35 个字）、粗细得当；图片要与主题相符，注意统一性、整洁性，图版率在 50%～90%；背景应一致或基本一致，淡雅为主，多为纯白底黑字或黑底白字，颜色不能太多，避免背景对主题的干扰；背景音乐应视内容而定，可用可不用，要根据内容选用欢快、缓慢或清新淡雅的音乐；配音要注意抑、扬、顿、挫，切忌从头到尾都一个声调、没有高低声、没有快慢变化。

第二,根据教师的实际情况,选用恰当的制作方法:①使用快课工具＋PPT 录制;②使用拍摄设备或手机直接录制;③使用电子白板软件录制;④使用平板电脑＋"涂鸦"工具录制;⑤使用录屏软件录制。录制完毕,还要对视频进行简单的后期制作,进行必要的编辑和美化,如片头和片尾的制作。

四、结束语

教学内容和体系的改革历来被认为是改革的重点和难点,人们往往要花较大的力量去解决,而教学方法和教学手段的改革则可能由于投入的不足而变得跟不上形势。我们若能逐步采用现代教育技术,就可能做到既保证课堂教学的高效率又便于学生吸收掌握[4]。随着微博、微信、微电影等微浪潮的兴起,人们的阅读以及学习生活的习惯逐渐在微化[5]。学生利用手中的各种现代化移动工具便可进行传统金工实习的学习。微课"短、小、精、悍"且内容片段化、碎片化,而金工实习却是杂、多、广、逻辑性差,两者的有效结合简直就是珠联璧合,必定会促进金工实习教学改革。

参考文献

[1] 傅水根.我国高等工程实践教育的历史回顾与展望[J].实验技术与管理,2011(2):1-4.

[2] 胡铁生.微课-区域教育信息资源发展的新趋势[J].电化教育研究,2011(10):61-65.

[3] 韦相贵,何永玲,刘渊,等.MS-EEPO 有效教育在理工科教学中的实践:以"要素组合方式"在"工程制图"中的运用为例[J].钦州学院学报,2014(2):50-54.

[4] 傅水根,张学政.金工课程改革应处理好五个关系[J].教学与教材研究,1998(3):25-27.

[5] 张志宏.微课,一种新型的学习资源[J].中国教育技术装备,2013(7):50-51.

(来源:《钦州学院学报》,2016.4)

MS-EEPO 有效教育在理工科教学中的实践

——以"要素组合方式"在"工程制图"中的运用为例

韦相贵，何永玲，刘渊，周建阳，宾凯

（钦州学院，广西钦州，535000）

摘要 课堂教学是提升本科教学质量的关键点。论文以"工程制图"课程为例，在教学中运用 EEPO 有效教育要素组合，活跃了课堂气氛，提升了学生的学习热情，收到了良好的教学效果，为理工科教学与实践提供了新思路。

关键词 EEPO；有效教育；理工科教学；人才培养

目前，在我国高校的教学中，作为大学教学的最基本的组织形式，课堂教学是学生获取信息、培养思维方式和方法的主渠道，是培养高质量人才的重要平台[1]。然而，一些高校教师在课堂教学中不注意学生个性发展和学生自主学习能力的提升、不注意教学方法和手段，教学方法几乎千篇一律，缺乏积极的师生互动。这种"填鸭"式的课堂教学，不仅教学效率低下，而且极易挫伤学生的学习兴趣，致使教育质量受到严重影响。可见，提高课堂教学效率已迫在眉睫。

孟照彬教授创建的"MS-EEPO 有效教育"又叫第六种教学方式，是一个集"学习方式——课型方式——评价方式"为一体的教育教学方法，包括要素组合式、平台互动式、哲学式、三元式等组织教学的课型方式，其核心及灵魂就是"优化课程教学，提高课堂教学效率"，是众多课堂教学模式中较为实用、较为有效的模式。目前，这种教学方式在广西进行了多年的探索与实践，并正在基础教育阶段的中小学推广。钦州学院作为广西首个系统推进"MS-EEPO 有效教育"的高校，也正大力推进和实施"MS-EEPO 有效教育"，尤其是在师范教育领域。

理工科教育是大学教育的重要组成部分。面对目前大多高校理工科课程普遍存在的"课时少、内容多"问题，该如何完成教学任务？如何提高课堂效率？"MS-EEPO 有效教育"体系对大学是否适用？对理工科教学是否适用？笔者结合自身多年的教学实践，对这些问题进行了探索。下面便以"要素组合方式"在工科课程中重要的"工程制图"教学为例进行探讨。

作者简介 韦相贵(1967—)，男，汉族，广西桂平人，钦州学院副教授，主要从事机械教学与研究。

一、充分备课，提高"看"的效率

"看"是最古老、最普遍的了解及掌握知识的方法，如看书、看电视等。在学校，学生主要是通过看书、看黑板（或屏幕）、看教师的"表演"来增长知识。因此，教师在课堂上就应设法给学生良好的视觉效果，让学生看懂、看明白、记得牢固、容易理解。

（一）精心制作 PPT，吸引学生眼球

随着科学技术的发展，许多现代化的教学手段已经广泛走入高校课堂，许多教师都已利用多媒体进行教学，给传统的课堂教学增添了更精彩的画面，传递了更多的教学信息。

但是，如果教师不注意课件的制作，使用大信息量的讲稿式课件，缺少课堂互动，又不考虑投影效果，教学重点和难点难以呈现，必然造成学生接受知识困难，易使学生产生大脑疲劳，甚至会让学生昏昏欲睡，致使教学效果大打折扣，达不到预期的教学效果。

可见，教育技术运用得当，会促进教育，运用如不得当，也会有害于教育[2]。因此，高校教师若要提高课堂教学效率，必须合理利用多媒体技术，精心制作课件，吸引学生眼球，提高"看"的效果。在 PPT 设计时，应结合学科和专业的特点，在准确掌握教材重点和难点的基础上进行制作，内容要恰当、简洁，界面要清晰、直观，要便于互动和操作，还要配以适当的视频、动画，变抽象为具体，并将学生最感兴趣的、喜闻乐见的新闻事件融入 PPT 中，将 PPT 的使用发挥至极致。例如，我讲授"工程制图"时，恰逢我国发生了几件令国人备受鼓舞的大事：神九升天、蛟龙下海、航母入役等。于是，我第一次课首先给学生看几幅相关的照片，在提起学生的兴奋之后提出"这些尖端科技是如何做到的？"进而引出设计与制造，再引到绘图与识图——本课程的核心。学习"工程制图"的重要意义就不言而喻了。既引起了学生的重视，又激起了他们的学习兴趣。在讲到"螺纹及其画法"时，首先要让学生知道螺纹是怎样加工的，才好讲解下面的内容。而仅仅是拿一个螺栓对学生讲其加工过程，而学生没有真正见过加工，是较难理解的，如果通过 2～3min 的"螺纹加工"简短视频，定能起到事半功倍的效果。若条件允许，能将学生带到生产车间实地参观生产过程，效果将更理想。

（二）用心"表演"，让学生过目不忘

在课堂上，学生不仅要看黑板（或屏幕），也会看教师的"表演"—— 肢体语言。教师的站姿、走姿、坐姿、手势等举止，都可能给学生留下印象，甚至是深刻的印象，或好的，或不好的。

肢体语言，是使用身体运动或动作来代替或辅助声音、语调或其他交流方式进

行交流的一种方式[3]。美国传播学家艾伯特·梅拉比安曾提出一个公式：信息的全部表达＝7％语调＋38％声音＋55％肢体语言。肢体语言可以弥补图像、声音的不足，是课堂教学的有益补充，然而却往往被我们忽略了，应引起学校和教师的重视。

成功的课堂教学不仅依赖教师严谨的教学态度和广博的学科知识，更需要科学的授课方法[4]。教师不仅要会讲课，还要会"表演"。教师如能合理运用肢体语言，便可将学生注意力拉回课堂，极大地调动学生学习的积极性和课堂气氛。良好的肢体语言不仅展示了教师的个人魅力，还能给学生一种艺术的享受，有助于学生对知识难点的理解。对一些难理解的、抽象枯燥的、口头语言难以表达清晰的知识点，巧妙运用肢体语言可起到降低难度的作用。我平时较少拿教具上课，因为身体就是一个很好的教具，正如孟教授说的："无处不教学、无处不教具。"手脚可当作直线、手掌可当作平面、教室墙壁及地面可当作投影面，粉笔盒、讲台、台凳都是讲解点、线、面投影的良好教具。例如讲到"直线与平面相交"一节，我会首先叫学生把手伸出来，用一个手掌（或一张纸，或三角板）当作一个平面，用一根手指（或一支笔）作为直线，这样的讲解对于教学难点"相交可见性的判断"具有良好的辅助作用，比看 PPT 或视频更直观，学生自己很容易就可以做出判断。

二、精心准备，提高"听"与"讲"的效率

听课是学生获取新知识的一种重要途径[5]。而目前大多高校授课的方式主要是讲授，且教学方法单一，课堂教学枯燥，不能激发学生的学习兴趣。有的教师甚至一堂课都在"侃侃而谈"，虽然讲授的内容很多，讲得很累、口干舌燥，但学生却不领情——"听"不进去，导致上课心不在焉，甚至产生厌学、逃课。学生在如此烦闷、散漫的气氛中学习，其效果是不言而喻的。要想学生认真听、喜欢听、听得进、记得牢，教师就得"讲"得好，就得提高自己"讲"课的水平，通过精彩恰当的讲授，充分调动课堂气氛。

一是要注意讲课的艺术，有的教师一节课从头到尾都一个声音、一个声调，没有高低声、没有快慢，这样，教师的讲课就会成为学生的催眠曲。因此教师必须注意有声语言，讲课时做到抑、扬、顿、挫。

二是要讲清基本知识、知识的结构和背景，还要讲清解决问题的方法。面对厚厚的教材及很少的课时，教师要善于分析授课内容并进行提炼，做到"精讲"，每章节的重点要突出，对学生感到困惑的难点内容，在备课环节中要核心设计，运用相应的教学形式，以通俗的语言、配以形象直观的教具，让学生易于理解。

三是要讲学生感兴趣的、喜欢听的，提起学生的兴趣，吊起学生的胃口。例如，我在讲解制图的有关规定时，会先给同学们精心准备一、二则因普通话讲不准而引起的令人捧腹的笑话。在大家笑完后，我会说："有时可能不只是笑话，更会引起误会，甚至带来麻烦，作为一门工程语言的'工程制图'，不管是数字、汉字、字母的书写，还是各种图线、标题栏的画法，都有明确的规定。如果不掌握其相关规则，不

仅你所设计出来的图纸会让人搞不懂,你也看不懂别人设计的图纸,不符合规则的设计甚至可能造成事故或灾难。"

课堂上的"讲"不应只是教师的"讲",还应有学生的"讲",否则就是教师的"一言堂"了。教师应营造氛围,让更多学生有机会"讲",包括学生回答教师提问的"讲"、学生提出问题的"讲"和相互间讨论的"讲"。学生任何一种"讲",都要经过"想",并需要正确表达。这样"讲",会让课堂"活"起来,进而提高课堂效率。

三、"动"与"静"有效结合,充分调动学生去"想"与"做"

(一)"静"中有"动",提高课堂效率

任何人都不可能长时间精神高度集中,学生不可能一节课都安静地听老师讲解。研究表明,学生听课的效率会随着讲课的过程逐步下降:若到32min左右不进行动静转换,学生听课的效率就会下降50%。因此,教学形式要力求多样,以"动"和"静"的转换调节学生的注意力在课堂中是必要的,恰当的动静转换可以有效解决学生课堂学习效率下降的问题。

按照"MS-EEPO有效教育"理论,要素组合方式中的"动"有"大动""中动""小动"之分,教师可根据课程特点及授课内容进行设计,如有在讲授例题时让学生先"做"的"动",也有让学生做课堂练习时的"动"。当然,任何教学方法都得有个度。所以,"动"也不能频繁地"动",一般每节课不应超过3次,每次"动"的时间也不应超过10min。

(二)营造氛围,让学生"想"

目前,一些高校学生到课率不高,学习积极性不高,认真听课的更是不多。这主要是教师的教学方法或教学手段存在问题,不能很好地调动学生的学习兴趣,课堂气氛沉闷。课堂教学缺少了学生的参与、缺少学生的"想",教学过程就会变成知识的灌输,不利于学生创新能力的培养,也不会有课堂教学效率可言。因此,必须调整课堂结构,改革教学方法,营造宽松的环境,给学生留出更多思考——"想"的时间,以提高课堂效率。我在讲授"工程制图"时,每次课不仅留有一、两道课堂练习让学生去思考——"想",在讲解例题时,常常会提出问题让学生"想",甚至在讲概念需提到前面的知识点时,也会讲半句后突然停顿让学生"想"并作补充。例如,讲授"零件的表达方法"一节时注意"设置悬念,引入新课"环节,在简单复习"三视图"后,提出问题"对于复杂一些的零件或设备,怎样才能将其表达清楚呢?"引导学生"想",进而引出本次课的内容。

教师在课堂上让学生"想"应包括两个方面:

一是"想"教师提出的问题。教师要对教学过程的每一个步骤、每一个环节、每一个问题都进行精心设计,善于提出各种问题,充分让学生"想"。

二是自己"想"出问题。著名教育家陶行知曾经说过："发明千千万,起点是一问"。爱因斯坦也说过:"提出一个问题往往比解决一个问题更重要。"教师在课堂上要积极为学生创设探究的问题情境,营造探究的氛围,引导学生提出问题并分析问题和解决问题,使学生在获得知识的同时,又获得学习的经验,实现自主学习,促进探究的开展。

(三) 合理安排,让学生"做中学"

美国著名的哲学家、教育学家和心理学家杜威在 19 世纪便提出了"做中学""从活动中学、从经验中学""从做中学是比从听中学更好的学习方法"的教学思想。著名数学家、教育家波利亚说:"学习任何知识的最佳途径是由自己去发现,因为这种发现,理解最深,也最容易掌握其中的规律、性质与联系。"理工科课程大多比较抽象,教师要善于运用形象思维,善于挖掘教学过程中"做"的知识,让学生亲自动手去做,自己去感悟,以帮助学生对抽象概念的理解。只有这样,才可能变枯燥为生动、变抽象为具体、变被动为主动,使课堂教学充满活力,才可能突破教学难点,培养学生"学"的兴趣,并激发学生的学习积极性。

如果学生没有参与课堂教学的内在动机,就会变成被动的学习,教学就不可能成功。我常跟学生讲的一句话是"你可以不带课本来,但是不能不带笔和纸来",目的就是让学生尽可能地"做"。因为课堂时间有限,没有更多的时间让学生去看书,教师只能利用有限的时间讲重点和难点,并让学生根据教师的要求去"想"和"做",至于教材,只能让学生利用课余时间进行预习或复习时"看"。所以,我除了布置适当的作业让学生去"做"之外,也充分利用讲例题的机会和课堂练习的机会尽可能让学生多"做"。我常跟学生讲的另外一句话是"平时要多思考,随时利用所学知识进行思考并绘图"。因为在现实生活中观察和思考,既是实践与理论相结合、学以致用、活学活用,又可培养学生善于思考、善于观察的良好习惯,更能提升他们的综合能力。

四、正确运用要素组合方式,努力提升课堂效率

"MS-EEPO 有效教育"体系把西方最擅长的个性、创造性与东方最擅长的知识性结合起来,不仅有较好的操作性,还具有较强的实用性。它是对传统的课堂教学的创新,通过课堂教学上的师生、生生之间的互动,使课堂资源得到充分的利用,从而有效地提高教学效果。

根据孟教授的研究理论,课堂教学中对"看、听、讲、想、做、动、静"等 7 个要素的不同运用,会有不同的效果(表 1)。从表中可以看出,若只用其中一个要素,教学效果最差,若 7 个要素全用,将会使教学效果达到最佳。

表 1 要素组合与教学效果比较

要素组合	看	讲、听	讲、听、看	讲、听、看、想+动、静	讲、听、看、想、做+动、静
效果/%	20	30	50	70	90

长期以来,我国高等学校中的教学一直以课堂讲授为主。"老师讲学生听、老师写学生记、老师圈学生背"已成为高校中主要的教学模式[6]。对于"MS-EEPO有效教育"体系,有教师会问:现在大学的教学内容那么多、教材那么厚、课时又那么少,讲都讲不完,哪里还有时间让学生去想、做、动?其实每门课程都有其核心,每章节也都有其重点和难点,教师只要能牢牢地将其抓住了,就可以有更多的发挥。

在课堂教学中,如能根据学生心理和生理特点,合理运用"看、听、讲、想、做、动、静"7个要素,充分调动学生各种能动性和学习兴趣,就能使学生全神贯注地投入课堂学习。以"直线"一节为例,不管是直线的投影,还是直线的平行、相交、交叉,都可以让学生利用手中的笔作为直线进行比划,学生在比划中不仅需要"动"手"做",也需要"想"。整个过程是边"做"、边"看"、边"想",同时还"听"教师的提示——"讲",既有"动",也有"静",这样一个教学环节就将7个要素全部用上了。我运用这样的教学方式后,平时在高校课堂上常见的睡觉、玩手机、讲话、看无关书籍等现象不见了,取而代之的是课堂活跃了,学生学习的热情高了。这不正是我们想要的课堂教学效果吗?在我校本科教学工作合格评估中,专家听了"工程制图"后给予了极高的评价。

五、结束语

成功的课堂教学是大学教育坚实的基础,决定着学校的人才培养质量,关系着学校的生存与发展。每位高校教师都应该高度重视课堂教学,实施有效的教学方法。实践证明,"MS-EEPO有效教育"体系是以"优化课堂教学、提高教学效率"为主要目标的教学体系。不管是基础教育或者大学教育,不管是师范教育或者非师范教育,也不管是文科教育或者理工科教育,"MS-EEPO有效教育"都能在实践中取得成效。该体系提出的"看、听、想、讲、做、动、静"7个学习要素相互影响、相得益彰。高校教师若能正确认识并掌握其规律,将其有机地结合起来,就能有效地避免课堂教学活动呆板、僵化、单一方式引起的疲劳,让学生兴趣盎然,让课堂充满魅力;就能有效提高课堂教学的效率,培养出满足社会需求的创新型人才。

参考文献

[1] 石振保.创建高校和谐课堂教学的几点思考[J].中国高教研究,2009(11):88-89.

[2] 梅家驹.教育技术的价值观[J].电化教育研究,2005(2):3-5.

[3] 马玉心,崔大练.对肢体语言在高校课堂教学中应用的思考[J].科学教育,2011(28):51-52.

[4] 王立新,傅崇岗.高校课堂教学与学生认同感刍议[J].教育探索,2011(9):21-23.

[5] 李刚,彭伟.我国高校课堂教学面临的困境与出路[J].江苏高教,2011(1):81-83.

[6] 闫瑞祥.高校课堂教学评价要素的反思和重建[J].教育理论与实践,2009,29(1):45-47.

(来源:《钦州学院学报》,2014.2)

就地取材，优化"机械制图"课堂教学

韦相贵

（钦州学院，广西钦州，535000）

摘要 "机械制图"的教学可以采用各种辅助教学工具，可以借助多媒体教学手段，还可以就地取材，使课堂教学更贴近实际、更灵活、更有趣、更实用、更易接受。

关键词 机械制图；教具；优化：课堂教学

引言

为提高"机械制图"的教学效果，很多教师不仅广泛运用模型、示教板、挂图、多媒体等各种教学手段，还可以将"就地取材"运用于教学之中。"教学有法，但无定法，因材施教，贵在得法。"[1]

一、就地取材，优化课堂教学

只要善于思考观察，可用于"机械制图"课堂教学的辅助教学手段很多。教师可以就地取材，更好地为"机械制图"课堂教学服务。

（一）直观教学，效果明显

"机械制图"课堂教学的关键是培养学生具有良好的空间思维能力和空间想象力，而直观教学则是培养学生空间想象力的有效方法，可以有效实现这一目标。

就地所取的材是课堂教学的一种辅助形式。通过这种直观教学，引导学生正确理解实物与视图之间的关系，把不容易理解的抽象理论和复杂空间视图，变成直观、形象、具体、易掌握的内容，把那些无法讲清或难以讲清的教学内容变得容易、简单，从而增强学生的感性认识。直观教学由于从抽象走向了直观，学生对形体的结构特征就能得到更深刻的理解，相应的空间思维能力和空间想象能力也就得到了加强。

如讲授"三视图的形成及投影规律"时，教师除了用挂图、模型、多媒体等常规

基金项目 教改项目钦学院发〔2009〕57号。

作者简介 韦相贵（1967—　），男，汉族，广西桂平人，高级讲师，研究方向：机械制造与设计。

的教学方法外,可以借用教室墙壁与地面所形成的三维空间,以教室内的实物为投影体,让学生观察其在地面形成的投影,从而增强了学生对投影理论的理解和空间认识、方位感知,使学生很快地建立起深刻的空间概念。

可见,通过直观教学使学生的认识能迅速从感性升华到理性,从具体上升到抽象,实现从"平面"到"空间"的转换。这是培养学生空间思维能力和空间想象能力的有效方法,能有效地帮助学生掌握形体分析方法,使课堂教学效果得到较大增强。特别是对基础较差的学生,直观教学更能起到事半功倍的作用。

(二)生动有趣,活跃气氛

俗话说:"兴趣是最好的老师。"由于"机械制图"中的内容较抽象,没有一定的兴趣和信心,是比较难学的。因此,采取有效措施激发学生对"机械制图"课程的兴趣对完成教学任务是至关重要的。

传统单向的课堂教学模式是枯燥乏味的,很容易让学生产生厌倦,教学效果差。而"快乐学习"则是一种较为有效的教学方法。学生在学习中有了愉悦的心情,就有了探索知识的兴趣,自然会收到较好的教学效果。

"快乐学习"来自于师生之间的和谐相处和情感的愉快交流,以及富有趣意的学习情境。因此,教师在课堂上要灵活运用直观、生动又富有情趣的方法来组织教学;要善于寓教于乐,将知识性和趣味性融为一体,使学生在获得感性认识的同时产生兴趣;要让学生听起来津津有味,使教学在轻松、愉快、活泼的气氛中进行,使学生处于最佳心理状态,激发他们学习的自觉性、主动性和积极探索的热情。

如讲述国家标准时,如果教师仅反复强调"遵守制图相关规定及标准"显然是比较枯燥的。"工程图样是工程技术人员表达和交流的'语言'",就如学普通话,不按标准读或读不准,就难以让人听懂,甚至无法交流。一些因方言而引起的笑话,不但可以活跃课堂气氛,还能让学生牢牢记住遵守制图相关规定和标准的重要性。

点、直线、平面是三视图的基础,对后面的学习起着非常重要的作用。虽然教师可借助挂图、模型、多媒体等多种教学手段,但还不够直接、生动。如判断点是否在直线上,我们可以用教鞭作为直线、用粉笔作为点来讲解。一次,在讲授两直线的相对位置时,一时找不到很合适的教具,我环视教室,灵机一动,随手拿起在教室角落的扫把和一支废旧日光灯,引来学生们的哄堂大笑。等学生笑完,我接着讲授两直线相互平行、相交、交叉的投影。学生很快便理解了两直线的相对位置,起到了很好的教学效果。

如已知平面 abc 和平面 def 相交,求其交线 mn 并判别其可见性。如果仅从教学图例想象其相交情况并做出答案,是有一定难度的,特别是可见性。但我们看到,教学图例两个平面正好像两块三角板,如果教师运用教具三角板进行比划,并让学生拿起手中的三角板进行比对,就一目了然,就很容易理解并把答案做出来。对于直线与平面相交的情况也可同样运用三角板和铅笔进行直观想象。对这类问题来说,即使是多媒体也比不上两块三角板来得实在,显得更为直观、形象、具体,更有利于理解。

就地取材这一辅助教学手段不仅具有较强表现力,还能营造和谐的教学氛围,有利于学生更快更好地理解与掌握所学的内容,有助于提升学生的抽象思维能力。

(三) 身边实物,活学活用

就地所取之"材"都是一些学生看得见、摸得着的实物或身边的趣闻,形象、具体、生动,让学生倍感亲切,更容易接受。

截交线和相贯线是制图教学中的一个难点。在进行教学时,教师可充分运用粉笔、橡皮泥、胡萝卜、土豆等实物进行辅助教学。要求圆柱截交线,我们还可以让学生把铅笔或粉笔削成图中形状,即可轻易看到截交线的形状,从而把截交线在各投影面上的投影作出来。

类似这样的教学手段,不仅使学生对点、直线、平面的投影有直观的认识,而且使学生对相关的投影特性理解得更深刻、更透彻。

教学中先让学生根据这些形体画出投影图,然后再让其反复观察投影与实物的关系,亲自动手做模型。这种教学方法让学生既动手又动脑,使抽象知识形象化,增加了感性认识,使一些复杂难懂的问题变得容易,变得一目了然了,从而激发起学生的学习兴趣和积极性,变"要我学"为"我要学"。既使学生学制图的积极性得到了提高,又达到了提高学生空间思维能力的目的。

二、观察思考,创新必备

创新能力从哪里来?从观察中来、从思考中来、从丰富的空间思维能力和空间想象力中来。

上述例子,教师讲完后学生随时随地都可以做相应的观察、思考和练习。学生学会观察和思考,通过观察和思考寻找问题的答案或得出科学规律,这是培养学生空间思维能力和空间想象力的基础[2]。教学实践证明,手脑并用的练习和实习活动是培养学生绘图、读图等立体思维能力的最有效方式。学生经常不断地观察和思考,自然有利于提高独立思考能力,有利于空间概念的形成,有利于空间观察想象力的培养和提升,培养了学生"发现问题、分析问题、解决问题"的能力。这也正是创新所必备的素质。

为培养学生的创新意识,教师应设法通过就地取材这样的课堂教学方式培养学生刻苦钻研、善于观察、勤于思考的良好习惯,不断增强学生的空间思维能力和空间想象力。

三、结束语

综上所述,"就地取材"是一种较好的直观教学方式,它不仅活跃了课堂教学气氛,还能引导学生认真观察和积极地思考、开拓其思维想象空间、培养其创新能力,还能较大地提高教学的实用性和课堂教学效果。

参考文献

［1］ 王岗.优化机械制图教学的几点思考［J］.新课程研究(中旬刊).2009(1)：141-143.
［2］ 冯俊华.在制图教学中如何培养学生的空间想象能力［J］.职业,2009(5)：64.

(来源:《中国科教创新导刊》,2011.7)

"跨专业科研探究"选修课程的建设与实践

——以钦州学院建设"跨专业科研探究"课程为例

韦相贵[1]，傅水根[2]，张科研[1]，曾江黎[1]，刘浩宇[1]，王帅帅[1]，谷良田[1]

（1. 钦州学院工程训练中心，广西钦州，535000；

2. 清华大学基础工业训练中心，北京，100084）

摘要 高校有大量的教师、教学资源和丰富的实验室科研资源，充分整合高校内部的各种优质资源，适时开设"跨专业科研探究"课程，对提高高校的资源利用率有重要的意义。本文结合钦州学院建设"跨专业科研探究"课程的实践对课程进行了介绍，并提出了单元建设及教学管理实施方案，为各地方高校整合学校内部资源进行课程改革及转型发展提供参考。

关键词 课程；教学；课程建设；跨专业；科研探究

在我国的应用型高校中，本科生基本按照各自的专业或职业方向培养，从而导致学生的知识结构和知识视野比较狭窄，对其他专业的了解几乎处于隔行如隔山的状态，很不利于学生对今后工作的适应能力与拓展能力。而培养本科人才所需要的很多跨学科、跨专业的稀缺资源大多潜藏在大学不同专业的科研实验室、科研成果、科研设备和科研档案里。为打通学校不同部门之间的管理瓶颈，整合学校的科研资源和教师资源，我校工程训练中心在清华大学傅水根教授的指导下，借鉴清华大学开设"实验室科研探究"和上海交通大学开设"工程技术探究"课程的经验[1-3]，开设了面向全校本科生的"跨专业科研探究"大型公共选修课程。

一、课程介绍

"跨专业科研探究"既是一门集全校资源、面向全校本科生开设的大型公共选修课程，也是一个由全校各院系相关实验室及教师合作共建的教学平台。课程由若干个科研教学单元组成，主要介绍校内不同专业教师的科研成果。每个教学单

基金项目 教育部机械基础课程教学指导委员会/工程训练教学指导委员会项目（JJ-GX-jy201436）；广西壮族自治区教改项目（2015JGA363、2016JGB392）；钦州学院教改项目（2016QYJGZ22、2016QYJGB28、2016QYJGB30）。

作者简介 韦相贵（1967— ），男，汉族，广西桂平人，学士，教授，主要从事工程训练和教育教学管理等方面的研究。邮箱：wxg101@163.com。联系电话：15878943616。

元由不同院系教学单元的申请教师负责建设。

(一)课程单元的跨专业特点

"大众创业,万众创新"已成为经济进入新常态的国家战略和中国经济发展的新引擎,实现创新创业教育与专业教育有机融合的转变,是当下高校教学改革最迫切也是最重要的任务[4]。这就要求我们必须不断深化教学改革,不断拓宽学生的知识面。因为,随着科学技术和社会经济的不断发展,面对复杂的现实问题仅靠一门学科或某一专业已很难解决,往往需要多学科、多专业的知识集成。

"跨专业科研探究"课程的教学单元都是由不同院系教师开设的,具有跨院系、跨学科、跨系统和跨专业的特性。其目的是使同学们在本科期间,了解不同学科之间的大体知识结构和内在联系,了解科学研究所需知识的综合性和深入性。学生通过选择不同专业的科研教学单元学习,便能接触到本专业之外的相关知识,逐步实现理工与人文社会学科相融相通的理念,逐步实现"隔行不隔山,隔行不隔理",初步形成跨学科、跨专业和跨系统的大思维,改善学生的知识结构,破除创新的神秘感,增强学生的创新意识。

(二)让学生了解科研过程

科研工作是瞄准不同学科的前沿或解决工程技术领域的实际问题而进行的。在完成科研项目的过程中,有可能探索出新的思想、新的理论和新的方法。由于大多本科生缺乏对科研的了解,缺乏参与科研活动的意识和积极性,所以高校组织的很多科研训练也只能流于形式[5]。这对应用型人才的培养是极为不利的。俗话说:"兴趣是最好的老师。"学生只有对科研活动充满兴趣,才能够发挥主观能动性,也才能够进一步激发科研创新的灵感[6]。要想提高本科生参加科研活动的兴趣,首先得让学生对教师的科研过程有个初步了解。

"跨专业科研探究"课程建设的主要目的就是为了促进教学与科研紧密结合,挖掘实验室的科研资源,促进实验室向本科生开放,让更多的本科生尽早进入更高层次的实验室,扩大同学们的工程视野和工程知识面,培养学习兴趣,学习科研方法,培养创新意识。单元授课教师必须以课堂为桥梁,充分发挥实验室的优质资源,将课程教学与知识学习和科研训练紧密联系起来,将自己的科研成果和经验有机地融入课堂教学之中,让学生在进行教学单元学习的同时,能接触到本专业之外的相关知识,并能直接进入教师的科研实验室,比较深入地了解不同学科教师的科研项目,进而激发学生参与科学研究的欲望。因此,每个教学单元由主持科研项目的教师尽可能在实验室现场授课,从宏观和微观两个层面,全方位展示项目来源、立项过程、技术难点、技术路线、所取得的成果,以及国内外相关领域的研究前沿等,采用科学的方法并始终贯彻人文精神,同时要在现场展示或演示该项研究成果。

（三）采用"探究"式教学方法授课

"跨专业科研探究"，顾名思义，这是一门探究性课程。教师在组织教学时，就应注意探究式教学方法的运用。

探究式教学以其对工程实践、现实问题和学生主体的三重回归，正在成为国际工程教学的新选择[7]。要求单元授课教师根据单元教学目的、教学对象、教学条件等方面的差异确定探究教学的类型。探究式教学法是遵循科学探索和科学研究的过程来学习的一种方法，它让学员在掌握教学内容的同时，学会发现、分析和解决问题[8]。探究式教学的核心目的即在于培养学生的创新精神以及独立解决问题的能力[9]。因此，单元授课教师需遵循从观察现象、发现问题、提出问题、分析问题、解决问题到问题评估、交流合作、服务社会等思路，并结合知识与技能的传授、情感与态度的培养、过程与方法的提供进行教学准备，引导学生自主探究，见图1。

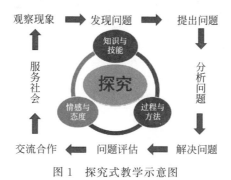

图1 探究式教学示意图

二、科研教学单元建设

科研教学单元建设是"跨专业科研探究"课程建设的关键，必须认真做好实施方案及流程。为此，我校经过反复研究，制定了"钦州学院'跨专业科研探究'课程建设实施"流程。如图2所示，将课程建设分为3个阶段实施，第一阶段为准备阶段，主要是落实课程开设单元；第二阶段为开课阶段，主要是实施单元教学；第三阶段为验收阶段，即对单元教学进行验收。

为切实把课程教学单元申报工作做好。我们制作了"'跨专业科研探究'课程教学单元申报表"，认真组织教师申报。在教师申报结束后，组织有关专家对申报单元进行评审，确定立项单元。在确定单元时，需注意以下几点：

一是单元要尽可能全面，真正实现跨专业、学科交叉，例如，随着计算机技术、生物技术学科的快速发展、渗透，机械工程学科早已不是传统的"齿轮、机床"等纯机械的，而是多学科并行发展的复合学科的代表[10]。

二是要循序渐进，教学单元不能一下立项太多，须在总结经验的基础上逐步增加单元数量。

"跨专业科研探究"课程建设实施流程

课程建设单位：工程训练中心、教务处

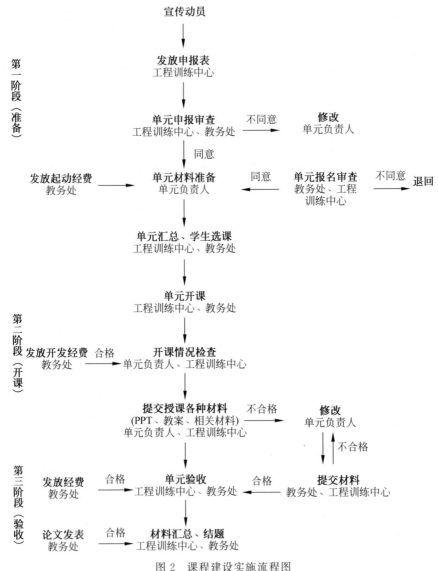

图 2　课程建设实施流程图

三是要使单元具有一定的代表性，并能体现资源共享。

四是要考虑立项单元教师的教学经验，且须征得教师所在部门的同意。

由于不少地方院校在向应用型大学转型中，理工学科在学校所占比重相对少些，因此在科学技术领域的教学单元也相对少。而人文社会学科的很多教师也承担着各自领域的科研项目,但其中有些教师并没有实验室,为了提高人文社会学科教师的参与积极性,我们将课程起名为"跨专业科研探究"。这样,就便于没有实验室的教师申报科研教学单元。

三、教学管理

(一)选课及教学

课程管理部门及教务处首先在相关网站上公布课程单元,学生根据自己的爱好和兴趣进行选择,每位学生须选择 8 个单元或 16 个单元。然后,课程管理部门根据学生的选课情况及时与单元授课教师进行沟通,确定各单元的授课时间和地点,并及时发布相关信息或通知到学生。学生便可根据课程管理部门发布的上课信息在上课时间到达指定的教室或实验室。

(二)学分及成绩评定

每个单元授课 2 学时,学生在选择 8 个单元学习(即听完 8 位老师的授课)并完成各单元授课教师所布置的作业,授课教师评定合格后,即可获得 1 学分。完成 16 个单元学习,即可获 2 学分。同学们在本科期间,根据个人的需要和爱好,可选择 1 个或 1 个以上的学分。

学生选修本课程后,可根据自己的兴趣和时间任意选择教学单元。学生选课后,需到课程管理部门领取"'跨专业科研探究'课程考勤及成绩记录卡",学生每次需持卡上课,并交授课教师确认。由每位单元授课教师根据学生出勤情况及其上交的作业评定单元成绩,再由课程管理部门汇总 8 个单元成绩得出总成绩。

(三)信息化教学管理

由于单元授课教师和选课学生均来自不同院系、不同专业、不同年级,给教学管理带来诸多不便,从排课到单元授课均造成很大困难。借助于网络的快捷交互性,师生与教学管理人员可以通过电子聊天、网上公告、电子邮件等多种方式进行信息交流与互动,使教学与教学管理结合得更加紧密、更及时[11]。为更好地对课程进行有效管理,必须充分运用现代化信息手段实现网络化管理。采用新媒体、新技术等现代信息手段加强教学管理,可从根本上改变师生及教学管理人员的信息交流方式与渠道。

一是充分利用部门网站加强课程管理,及时发布相关授课信息。

二是建立课程邮箱,学生提交的作业以及单元教师所批改的作业、成绩均可发到邮箱。

三是组建单元教师 QQ 群或微信群,加强教师之间的交流及课程与教师间的联络;建立课程学生 QQ 群加强学生之间的交流,并方便随时随地都能与各位学生取得联络。

四、结束语

我国教育学家吴也显教授认为："课程就是有组织的教育内容""是实现各级各类学校培养目标的教学设计方案"。"跨专业科研探究"课程既是一个基于跨院系科研资源的通识教育平台，也是一个让本科生进入实验领域的实践教育平台。借助这一内容丰富的平台，学生不仅可方便地了解学校不同专业的科研现状，了解主持科研项目的不同教师，了解一个科研项目从立项申请、具体实施到获取成果的艰难而富于教益的过程，同时也可以发现自己存在的问题，甚至感兴趣的专业领域，从而拥有更开放的思想和视野去规划未来。"跨专业科研探究"课程的建设，既适应了应用型高校面向的职业岗位要求学生具有多专业知识结构的要求，也满足了用人单位对毕业生具备多专业综合知识能力的人才需求。

参考文献

[1] 卢达溶,汤彬,傅水根,等.挖掘科研积累,丰富教学资源为本科教学服务："实验室科研探究"大型选修课程的建设与实践[J].实验技术与管理,2007,24(12)：1-3.

[2] 傅水根,卢达溶,汤彬.创建实验室科研探究课程促进本科研究型教学改革[J].中国大学教学,2008(3)：48-49.

[3] 杨树国,梁国华,黄乐.发挥实验资源优势,提高人才培养质量[J].实验室研究与探索,2011,30(10)：179-182.

[4] 梁丽萍,陈晓琴.融创新创业与专业教育为一体的应用型人才培养模式改革[J].赤峰学院学报(自然科学版),2015(21)：237-238.

[5] 芝元.大学生创新性实验计划实践的理念与思考[J].高等理科教育,2009(1)：63-67.

[6] 刘树强.激发本科生参加科研训练积极性的探讨[J].中国林业教育,2015,33(2)：9-11.

[7] 张胤,胡菲菲.回归实践、回归问题、回归主体：论探究式教学的本质、特征及实施模式[J].江苏高教,2013(4)：67-70.

[8] 牛彦杰,于爱荣,张东戈,等.面向创新思维的探究式教学方法探索与实践[J].大学教育,2015(11)：41-43.

[9] 孙明娟.高校通识选修课探究式教学的实践与反思[J].黑龙江教育(高教研究与评估版),2013(9)：35-36.

[10] 倪妍婷.关于交叉学科教学与科研相结合的问题[J].山西师大学报(社会科学版),2015(9)：191-192.

[11] 李海英,李晓东.高校院系教学管理信息化建设初探[J].黑龙江高教研究,2006(1)：99-100.

（来源：《实验技术与管理》，2017.2）

"跨专业科研探究"课程的进展与思考

张科研，韦相贵，刘浩宇

（钦州学院工程训练中心，广西钦州，535000）

摘要 为提升本科人才的综合素质和科研素质，打破专业化定向培养，整合应用技术型高校不同专业的教师资源及科研资源，将教学、科研与实践三者紧密结合，钦州学院提出以特色学科和科研项目为课程依托的"跨专业科研探究"课程，实现理工与人文社会科学的交叉与融合，理论与实践相融合，扩充学生的知识结构并启发创新思维，促进应用型本科的教学改革。

关键词 跨专业；科研探究；教学改革；应用型

引言

2007年，清华大学在全国高校首次开设"实验室科研探究"课程，以实验室为依托，以典型的科研项目和成果作为教学单元，全方位地向学生展示科研过程，以助力学生形成跨系统、跨学科和跨专业的大思维[1]；2012年，上海交通大学开设"工程技术探究"新型通识课，形成融合学生能力、兴趣和创新的工程技术拓展项目。国外在应用型技能人才的培养中，高年级学生不仅参与企业培训还参与科研项目。

2013年，我校成为应用技术大学改革试点联盟单位，逐步向应用型人才培养的方向转变，要求全面提升学生的工程实践能力和专业技术能力。为此，2015年在我校特聘教授傅水根的提议和学校主管部门的支持下，首次开出"跨专业科研探究"课程。该课程以不同学科科研项目为基础，构建起学科之间的关联性，拓展学生的知识视野，提升我校理工科学生的工程技术能力、科研能力及人文素养，同时文科学生也能从参与工程实践和科研探究中，了解现代制造业的主流技术和前沿性科学技术，使得学科之间"隔行不隔山，隔行不隔理"。"跨专业科研探究"将教学、科研和实践三者互融互通，不仅是一个值得探索和推广的本科教学改革方向，还将推进应用技术型大学的转型升级[2]。

一、课程建设

2015年春，征集单元课程，汇总专家评审，从16个部门61位教师的76个单元项目中择优选出30个课程单元，其内容涵盖了文、理、工各学科，涉及基础人文科学、科研项目探究和前沿科技等教学内容。任课教师中 80％为教授、副教授,保证了单元的教学质量和教学效果;实验室操作探究性单元占有量达 23％,有利于培养工程素养。2015 年春季末,举办了关于"跨专业科研探究"课程的内涵、上课形式、作业内容和子项目结题等事项的课程建设研讨会,现场邀请三名教师试讲,专家们给予点评和指导,为课程顺利开展打下坚实的基础。

二、课程进展

"跨专业科研探究"于 2015 年秋季学期正式开课,课程开展基本顺利,并且从学生的作业及评价反馈中可以看出本课程激发了学生对课外知识的求知欲,提高了学生的学习兴趣。上课形式呈现多样性:传统教室授课、实验操作、上机训练、模拟场景等形式(图 1～图 4);教学内容具有跨越性:海洋专业、化工专业、资源环境专业、机械专业及传统文化等;作业形式非固定性:求真性小论文、产品(粗盐、陶瓷等)、单元日志和课程感想等。

图 1　机舱资源管理探究——以离岗备车场景为例

图 2　海水中粗盐的提取工艺研究

图 3　跨文化交际意识及能力培养

图 4　秘书工具箱的打造

三、课程开设的若干思考

为深入了解本课程存在的问题,以便及时改进,在新学期开始对学生进行了"跨专业科研探究"课程兴趣度调查,共收回问卷 67 份。其调查结果、分析与改进措施如表 1 所示。

表 1 问卷调查分析表

项目	条目	比例	分析	措施
学生基本情况	专业	文科 25.37% 理工科 74.63%	本学期大一学生首次选课,学生分布与单元内容息息相关,相互影响	课程单元选取设置多元化、工程化,面向全体学生
	性别	女生 27.27% 男生 72.73%		
	年级	大一 92.53% 其他 7.47%		
学生对课程的了解	课程是否了解	是 8.96% 否 89.55%	作为一门新型选修课,未能让学生深入了解,故大多凭课程名称选课,但学生仍会结合自身的专业及兴趣,倾向于选择综合性科学知识	选课前组织师生交流会,让学生充分认识本课程的内容和内涵
	选课考虑因素	课程名称 65.67% 任课老师、课程名称等因素 34.33%		
	是否能促进专业发展	是 86.57% 否 10.45%		
	课程性质	百科知识 44.78% 思维创新 35.82% 科研项目 14.93%		
课程优化	作业方式	实践产品 40.30% 小论文 23.88% 日志、感想 19.4%	科普性社科类,工程实践类单元	课程单元设置需同时培养学生的科学研究能力及实践技能
	知识深度	科普性 35.82% 基础性 32.84% 专业性 26.87%		
	课程类型	理论课 16.42% 实践课 76.12%		

注:有些项目的统计结果比例累加非 100%,因存在有的学生没有填写或选择"其他"选项问题。

整理调查数据,分析可得:选课以理工科学生居多;选课考虑了自身专业发展、未来创新创业等要求。而在秋季学期的选课中,文科生占人数的 2/3,此时学生选课以满足学分要求为主导,相对不如大一首次选课较多考虑专业和兴趣爱好;工科单元选择率高,易懂且体现新科技发展的单元选择率高。本调查结果可用于指导课程的单元设置,教学内容的更新,为课程的进一步完善提供依据。

(一)课程的优化

跟踪课程进展,总结出来的问题有:部分单元内容过于简单化;基于科研项目的单元课程对于没有专业基础的学生而言难以理解、课时不足导致实验无法开展等[3]。

优化方案：

（1）不断构建新型的师资队伍和课程教学单元，不断引入新的科研成果转化为教学资源，最后形成一个处于扩展中的基于教师科研项目的教学单元库。

（2）贯彻讲授与实验、讲授与演示相结合的原则，讨论式、交互式和探究式融合的教学方法，讲授各单元所要明确"探究"的知识、方法或者合作素养等。

（3）各单元教师独立提出合适的单元教学时间（上限 8 个学时），以所选单元的累积学时数替代以单元数规定学生的学分。例如，以 32 个学时划定 2 个学分，不再固定以 16 个单元划定 2 个学分。同时教师自主选择合适的上课时间。

（4）结合单元内容布置必要的作业，作业避免单调、无用。

（5）深化跨院系科研资源课程的教学管理改革，实现教学管理模式的个体化、无纸化、现代化。

（二）管理系统的搭建

现代化的管理手段将为课程的开展提供便利，使复杂的课程安排工作简易化。高校课程管理及安排更多地借助教学管理系统，然而对于"跨专业科研探究"这样一门安排上更加复杂化的课程，相应管理系统的设置显得尤为重要。

本课程的复杂性：学生人数多，面向全校不同年级不同专业；课程单元选择的多样性：需统计各单元学生数；同一实验性单元课，限定人数需明确分组；单元教师调课概率大，管理者依调整实时通知学生。此外，本课程应得到学校教务处的大力支持，给予时间和管理上的特殊照顾。工程训练中心作为本课程的开设和管理部门，应该逐步完善硬件条件：配备独立的多媒体教室、计算机教室、基础性的实验室等，实验中的耗材问题也应依照选课学生数及时购置。

四、总结

"跨专业科研探究"课程融合了文、理、工科的特色学科和重点科研项目，适合我校不同专业、不同级别的大部分学生。整合出跨学科、跨专业的实验室资源和科研项目资源，构建新型教学课程，有利于促进应用型本科的教学改革，提高应用型人才的培养质量；介绍各专业新型知识进展状况，有利于引导学生的专业定向，及时做出恰当的人生定位；有利于增强学生对今后工作的适应能力。此外，本课程的顺利开展要求在课程单元设置、师资保障、软硬件资源配置上具备一定的条件，同时要完善并健全选课—课程安排—交流—评价的课程管理系统。

参考文献

[1]　傅水根，卢达溶，汤彬. 创建实验室科研探究课程，促进本科研究型教学改革[J]. 中国大学教学，2008(3)：48-49.

［2］ 卢达溶，汤彬，黄乐，等. 挖掘科研积累，丰富教学资源为本科服务[J]. 实验技术与管理，2007(12)：1-3.

［3］ 韩艳梅. 新课程背景下学习组织方式的新探索[J]. 辽宁师范大学学报，2003(9)：43-46.

（来源：《课程教育研究》,2016.9）

地方转型高校跨专业科研探究课程教学初探

——以钦州学院为例

颜晓娟[1]，傅水根[2]，韦相贵[1]，颜世周[1]，宾凯[1]

（1. 钦州学院工程训练中心，广西钦州，535000；

2. 清华大学基础工业训练中心，北京，100084）

摘要　目前,在学分体制下,少部分学生被动地选修跨专业科研探究课程,跨专业科研探究课程在教学内容与教学时间安排上欠合理。因此,在跨专业科研探究课程教学过程中,课程题目应尽可能新颖,课程内容应尽可能具备科研背景,内容深度要适宜课件的制作,要易于学生接受知识,要注意知识的科学性,语言的严谨性、准确性和通俗性。

关键词　地方高校；跨专业科研探究课程；应用型人才培养；本科教学

近几十年来,我国按专业分门别类进行培养的高等教育模式取得了快速发展。但是,这种培养模式的迅速发展和质量提升并不能掩盖客观存在的一些深层次的问题,如由于专业化的教育导致了学生的知识视野狭窄,学生对其他专业的了解几乎为零,这让我们的学生处于一种"隔行如隔山"的状态。另外,由于学生过于注重对基础理论的学习,这又让我们的学生对本专业发展的前沿和科研动态的方向缺乏了解,这些问题对学生毕业以后适应社会,以及拓展自身能力极其不利。跨专业科研探究课程的开设对学生了解其他专业的知识应用和自己所学专业的科研动态具有重要意义。

科研探究课程,是指教师以科研问题为导向,将自己科研方向的选择、研究过程的反复、研究手段的确定以及研究成果等以课件的形式,向学生介绍自己科研所需的基本知识点、该研究的学术前沿、国内外研究动态等。相应地,选修这些课程的学生需要在保证完成自己专业核心课程的基础上,根据兴趣爱好、学科专业背景、工作岗位要求和社会需求等,在相同的学历层次上选修学校开设的科研探究选修课程。

早在 2006 年,清华大学就提出了开设跨专业科研探究课程的思路,自从 2007

基金项目　钦州学院高等教育教学改革工程项目(应用型大学依托工程训练中心构建工程实践教学新体系的研究与探索 2015QYJGB20)、广西区教改项目("跨专业科研探究"课程研究与建设 2015JGA363)。

作者简介　颜晓娟(1985—　　),女,四川绵阳人,博士,钦州学院工程训练中心讲师。

年实施以来发现该课程不仅能充分利用学分制的弹性和灵活性,而且极大地调动了学生的学习积极性。

以选修课程的模式进行教学,对授课对象来说,了解到其他学科的研究方向和热点的同时更加扩大了知识面。迄今为止,跨专业科研探究课程已在清华大学推行了近十年,积累了许多珍贵的经验[1]。

一、跨专业科研探究课程的开展过程

钦州学院现在正处于向应用技术型大学转型的初级阶段,一直致力于进一步深化应用型本科教学的改革,力求不断提高教学质量。如钦州学院自 2009 年就已经开始实施的大学生创新创业训练计划项目,于 2015 年在学校领导的支持和教务处的积极推动下,在原清华大学工程训练中心主任、钦州学院特聘教授傅水根教授的不懈指导下,积极借鉴了清华大学跨专业科研探究课程的宝贵经验,并于 2015 年秋季在广西区内率先开设了跨专业科研探究课程。

在钦州学院第一期的跨专业科研探究课程中,开设了涵盖文、理、工不同学科的 30 个单元,如 3D 打印技术、虚拟样机、中国企业海外投资、音乐教育与创新能力、陶瓷艺术、土地利用规划等课程单元,并由傅水根教授领衔主讲"跨专业科研探究"第一堂概论课。在这 30 个单元中,任课教师 80% 具有教授、副教授等高级职称,相关课程均是他们研究多年的科研内容和成果。学生通过选择不同教学单元的学习,能接触到本专业之外的相关知识,或通过直接进入教师的科研实验室,从而比较深入地了解不同专业教师的科研项目,以及所涉及文化知识的运用和解决问题的思路。学校也希望通过跨专业科研探究课程的开设,实现理工与人文社会学科相融相通的理念,逐步实现"隔行不隔山,隔行不隔理",初步形成跨学科、跨专业和跨系统的大思维,改善学生的知识结构,破除创新的神秘感,增强学生的创新意识。

二、跨专业科研探究课程取得的成绩

虽然目前钦州学院的跨专业科研探究课程只积累了一期的经验,但该课程的开设还是取得了一定的成绩。

(1)创新了教学管理模式。由于跨专业科研探究课程跨越了院系的分界,整合了全校的科研资源,组织不同实验室、不同专业的老师共同搭建了跨专业科研探究的教学平台,所以该课程的成功开设和持续发展,离不开学校领导、教务处等职能部门的支持,更离不开广大从事科研的一线教学人员的参与。在这样的大背景下,对该课程的具体运作就需要更加精细化的教学管理。具体由教务处、各二级学院的实验室和工程训练中心之间相互协作,又各司其职,发挥各自的长处,共同进行该课程的教学管理,因此创新了教学管理模式。

(2)提高了学生学习积极性。从教学过程中可以发现:课堂上,部分学生善于思考,老师基本能根据探究课程需要进行改进。从学生提交的学习心得可以发现,通过跨专业科研探究课程的开设,学生们对其他专业的理论有了基本的了解,对其他专业的前沿发展和应用有了更加清晰的认识,对自己专业理论的应用有了更加深刻的了解。这些现象表明:跨专业科研探究课程的开设,一方面帮助学生在学习自己专业知识的同时,可以重新理解生活中看似很远其实很近的一些专业知识的应用[2],以及更多设备产品所涉及的具体原理等[3];另一方面,对于学生与自己专业相关的选修来说,了解到知识的运用场景以后,可以极大地提升学生的学习兴趣、提高学习相关知识的积极性,从而提高教学质量[4];而对于跨专业选修的学生来说,通过了解其他专业的基本知识和应用,可以扩展自己遇到问题的解决渠道,改善、提高个人的思维创新方式。通过跨专业探究课程的选修,可以帮助学生重新发掘他们新的才能及开发思维,更加有利于发展学生的个性需求。

三、当前跨专业科研探究课程教学存在的问题

虽然钦州学院成功开设了跨专业科研探究课程的第一期,并取得了不错的反响,但是在该课程的开设过程中也存在一些问题,需要引起重视。

(1) 在学分制体系下,少部分学生被动选修跨专业科研探究课程。他们对这门课程的开设初衷并不了解,认为这只是一门选修课程,学生选修的主要目的就是完成学分。

这种现象在各单元的上课过程中均或多或少地存在,在教学之初,如果老师没有按预期激活学生整体的学习兴趣和激情,或者教学过程中理论推导过多、专业性太强,学生的消极情绪会蔓延或者相互传染,从而导致学习效果无法体现,不仅没有达到该单元的开设目的,而且学生可能对整个跨专业科研探究课程产生抵触情绪,从而严重影响课程整体单元的顺利开展。

(2) 教学内容与教学时间安排不合理。钦州学院跨专业科研探究课程每个单元的基本课时是 2 课时,任课老师要在这 2 课时内向没有任何基础或者理论基础比较薄弱的学生介绍自己科研探究过程中研究点的选择、遇到的问题和解决的思路。显然,时间是非常紧张的。如果教学内容与教学时间安排的不合理,将会导致如下两种结果。一是由于最初的问题切入不够,学生的兴趣不高;二是虽然问题切入足够,但对所需的专业知识进行了大量介绍,而对于学生来说,他们感兴趣的是这些问题可以用什么方法进行解决,这些方法的理论知识可以在以后所需时再有所涉猎,不仅造成有限的课堂时间的浪费,而且有可能降低学生的学习兴趣。

四、对跨专业科研探究课程教学的建议

根据钦州学院特聘专家、原清华大学基础工业训练中心主任、第二届高等学校教学名师奖获得者傅水根教授对钦州学院跨专业科研探究课程教学提出的建议与要求,结合笔者在教学及听讲"跨专业"科研探究技术基础课程中的思考与体会,提

出以下建议以供参考。

（1）教学单元题目应尽可能新颖。要有别于本科人才培养方案中的基础课程及专业课程，从题目上激发学生进行学习的兴趣。还需要任课老师对有限时间进行合理安排，如问题引导的时间、所需知识的简要介绍时间，以及专业知识的通俗化讲解等。只有合理安排教学时间，才能通过这短短的2课时，让选修学生对该单元内容有基本的了解、对该单元涉及理论的应用有基本的认识，并能激发学生自主学习的兴趣，从而达到开设跨专业科研探究课程的目的。

（2）教学单元内容应尽可能具备科研背景。选择内容上有一定的深度或值得探究的问题，并通过问题引入思考，激发学生进一步深入了解的欲望。这就要求任课老师在课内、课外做足功课，如教学单元题目的设置、教学单元内容的安排、相关PPT的制作或科研成果展示的循序渐进、教学语言的选择等方面。在上课前期，充分了解学生的专业情况，通过单元内容与学生的专业知识建立关联性，以调动学生的积极性。另外，在介绍相关单元内容时，能以问题为导向，通过抛出问题、学生提出解决方案的方式，进一步提高和调动学生学习的积极性，提高他们的兴趣。

（3）教学单元内容设置的深度要适宜。既不能以简单的实验作为教学内容，也不能研究过于深奥的内容，使得非本专业的学生难以接受，所以任课教师对教学内容的深浅需多加思考和斟酌。

（4）教学准备过程要注意课件的制作。教学单元的出发点和立足点是"以生为本"，课件的设计和准备工作要更易于学生接受知识，如对比度要清晰、提供相应教学模型和教具丰富课堂内容，以及用图形形象化过程教学等，从而提高教学效果。

（5）教学过程要明确跨专业科研探究课程的属性。该课程是学校具有模块理念的公选课，课程设置的目标是要启迪学生、开发思维、拓展文理相交叉的视野。因此，教学过程中要注意知识的科学性，语言的严谨性、准确性和通俗性。如对非专业学生，要尽量通俗、形象化和易于理解地解释所涉及的专业名词；而对专业学生，则应该用专业术语讲授所学课程内容涉及的相关知识。

五、小结

本文对钦州学院引入跨专业科研探究课程的背景及其开展的良好反应做了简单介绍，着重分析了跨专业课程在实施过程中所遇到的问题以及这些问题的不利影响。作为地方转型高校，由于开设该课程的时间短、经验匮乏，还有很多问题亟待探索、解决。

总的来说，跨专业科研探究课程的开设对扩展学生的创新能力和提高教学质量都具有积极的推动作用，对充分利用学校的科研资源，拓展学生的学术视野，提高应用型人才培养的质量等具有重要意义，是对地方高校人才培养模式的一次有益探索。

参考文献

［1］　傅水根,卢达溶,汤彬.创建实验室科研探究课程,促进本科研究型教学改革[J].中国大学教学,2008(3)：48-49.

［2］　林家立.高校跨专业选修课程教学模式改革的实践与探索[J].美术教育,2014(8)：62-63.

［3］　马清珍,张宝魁."跨专业"技术基础课程教学探讨[J].理工高教研究,2006(5)：122-123.

［4］　刘新强,王峥嵘,闵为,等.跨专业选修课程的教学实践与体会[J].大学教育,2015(6)：138-140.

（来源：《钦州学院学报》,2017.3）

基于"工程制图"教学的研究

韦相贵

（钦州学院，广西钦州，535000）

摘要 "工程制图"的教学因专业不同、教学课时不同，内容也不同，但都可采用直观教学法来进行教学，都可围绕某一具体设备来进行教学设计。

关键词 工程制图；教学；教育

一、引言

工程图样是工程技术人员表达和交流技术思想的重要工具，是工程界的"语言"，是工程技术部门的一项重要技术文件[1]。而"工程制图"则是研究绘制和阅读机械图样的基本原理和基本方法的课程。它为培养学生的制图能力打下了必要的基础。因此，"工程制图"是工科学校学生一门十分重要的、必修的技术基础课。由于各所学校根据不同的专业，所开设"工程制图"的课时有很大的差别，少的有 30 节左右，多的有 100 多节，所以，"工程制图"的教学内容以及对学生的要求也各不相同，所选用的教材也不同。但在教学上却有一点是相同的，即尽可能多地采用直观教学。因为这种教学方法更能激发学生的学习兴趣、更能达到良好的教学效果。

二、教学方案设计

根据本人多年的教学体会，不管是中职学校、高职院校，还是本科院校，不管是什么专业，还是采用什么教材，都可以围绕某一台设备来展开教学工作。本文就以截止阀为例，探讨一下如何围绕截止阀来展开"工程制图"的教学。

（一）机器设备的选择

学生学习"工程制图"的目的是掌握看图或绘图的知识并具备相应的能力，选择一个合适的零件或机器设备，使学生觉得更直观、更实际、更利于学习、更能提起学习兴趣。所以，教学辅助器械、工具选择得好，不但能增强学生的学习兴趣和感性认识，更能激发学生学习的积极性，这对于教学工作的开展更显得重要。

基金项目 教改项目钦学院发〔2009〕57 号。

作者简介 韦相贵（1967— ），男，汉族，广西桂平人，高级讲师，研究方向：机械制造与设计。

本文之所以选择截止阀作为教学辅助工具,是因为截止阀具有诸多好处。

第一,"工程制图"是一门实践性较强的课程,而截止阀正好是一种很普通、很常见的机器设备,很多家用水龙头就是截止阀。选择截止阀作为辅助教学器械,能使学生产生亲切感(学生几乎每天都要接触到),学生学起来,更容易接受,更能达到理论与实际相结合的效果。

第二,因为截止阀普通、常见,所以其适应性较广泛,不管什么专业,也不管课时多少,都可以围绕这一教学辅助工具开展教学工作。

第三,截止阀的结构较为简单,容易理解、容易掌握。而且,由于小型截止阀轻便,作为教具提携较为方便。

第四,"工程制图"内容一般都显得多而杂。截止阀所包含的知识较全面、内容较丰富,几乎可以涵盖工程制图全部内容,既包含了圆柱、圆锥、圆环、球、棱柱、棱锥等各种平面几何体和曲面体,也包含了如圆锥的切割、圆柱与球的相贯等各种几何体的组合,还包含了如螺纹连接等零件的连接和零件的组合。也就是说,"工程制图"所要学习的内容在截止阀能得到充分体现,便于学生理解和学习。

(二)围绕所选设备展开教学

选择好零件、机器或设备后,可以将所选辅助教学器械贯穿于整个教学过程,每次课都可以围绕着所选辅助教学器械来开展教学。

如所选设备为截止阀,从第一次课开始,可以从截止阀的作用、原理作简单介绍,引出问题:"如何进行生产制造"即"如何设计及表达截止阀"进而引入图样的产生,即本课程的主要学习内容:轴测图(立体图)、投影视图。

对于零件、设备的表达,在没有学习"工程制图"之前,学生对物体的表达应已有一定了解,即画立体图,也就是"工程制图"所说的"轴测图"。

截止阀的另一种重要表达方式——视图,就是本课程的主要学习内容。可以从"如何设计截止阀(即绘制图样)"引入。从"制图国家标准"到"制图基本知识及技能",从"点、直线、平面的投影"到"组合体视图",从"各种视图、剖视图、剖面图的画法,以及常用的简化画法和规定画法"到"了解标准件、常用件等的基本知识和画法",从"尺寸标注"到"零件图及装配图",都可围绕截止阀来进行教学。以很简单的零件为例,可以讲述投影理论、三视图的形成、点线面的投影、立体的截切与相贯等相关知识。

(三)课堂教学的设计

"工程制图"是一门实践性较强的课程,其教学不仅要让学生掌握读图和绘图的能力,更要培养学生的空间思维和空间想象能力。所以在教学中应加强实践,以学生为主,注意形象思维能力的训练,让学生多思考、多练习,让学生觉得"有用、能用、会用"并能学以致用。

为此,在课堂教学的设计上,每次课都可以围绕所选教学辅助器械截止阀及本次课要学习的内容先提出问题,让学生先思考,并尽可能让学生先试着做。然后,教师再根据学生在思考或练习中遇到的、所存在的问题进行讲解。这样更能有的放矢,更能实现本课程的教学目标。比如第一次课就可提出"如何设计出(绘制)你面前的截止阀",然后让学生绘图。学生多数是先想到立体图。老师可根据这一情况再提出"除了立体图(轴测图),还可以用什么方法来表达截止阀",进而引出后面的教学内容。

(四)根据不同专业确定教学内容

"工程制图"主要包括投影法原理、画法几何、制图基础、机械图和计算机绘图等4部分内容。不同类型的学校以及不同的专业对制图的要求是不一样的。有的专业对制图要求不高,会读图就基本可以;有的专业对制图要求较高,不但要求学生会读图,还要会绘图。

因此,选择好截止阀后,教师要结合教学大纲的要求,根据课时多少及学生个人的兴趣进行授课安排,对教学内容作合理调整,选好教学内容。若课时较少,只简单介绍其作用、内容、表达方法(画法)和看图的基本方法,对部分较复杂的内容只作简单介绍或由学生根据自己的兴趣进行自学,如立体相贯中的偏交、换面法等等。若课时较多,则可适当增加相关学习内容(特别是截交线、相贯线、投影变换、常用件和标准件、零件图和装配图、展开图、计算机绘图),并可增加与专业联系较密切或与岗位工作能力相关联的内容(如房屋图、电路图、管道系统图等),增加到企业进行实践教学的内容。以圆锥的截切为例,如课时较多,根据专业需要,可相应增加各种圆锥及其组合体的截切等内容的讲授。

三、结束语

综上所述,选择如截止阀这样一个合适的零件或设备用于辅助教学,能将较为零乱的教学内容连贯起来,使之更具条理性。而且,由于直观教学,能更好地调动学生学习的积极性和主动性,变"要我学"为"我要学",从而大大提高课堂教学效果。

参考文献

[1] 朱辉,曹桃,唐保宁,等.画法几何及工程制图[M].上海:上海科学技术出版社,2007.

(来源:《课程教育研究》,2017.11)

面向工程实际的车工实训教学改革探索

王海霞,张小军,韦相贵,王帅帅,宾凯,张家蒲

(钦州学院,广西钦州,535000)

摘要 为了探索提升高校车工实训教学效率的具体方法,本文首先对面向工程实际的车工实训教学改革进行了分析,并从加强与企业间的横向合作、选择合理的工程项目、改革传统的教学模式以及改革传统的评价模式 4 个方面论述了具体的实施策略。

关键词 工程实际;车工实训;教学改革

一、引言

车工实训是现阶段高校机械类专业教学的重点内容,但是从总体上来看,现阶段大部分高校车工实训教学模式依然在借鉴理论课教学模式,即"教师讲解—学生模拟—完成任务"的教学模式,同时学生所需要完成的任务往往都是实际工程项目的局部,并不需要完成整个工程项目。这就必然导致学生的实践能力无法得到有效的保障。基于此种情况,在本文当中笔者结合自己的实际工作经验,对面向实际的车工实训教学改革进行了分析与研究。

二、面向工程实际的车工实训教学简介

针对当前阶段学生车工实训对学生实践能力提升效率不高的现状,部分高校已经逐渐开始将工程实际案例引入到车工实训教学当中,实际教学经验表明:这种教学方法对于车工实训教学效率的提升具有非常重要的意义,最终演化成基于工程实际的车工实训教学模式。首先,在这种教学模式中,学生在车工实训中所需要完成的任务完全来自于工程实际,而并非是模拟任务或者实际工程项目的具体任务。在这种教学模式中,学生的学习环境与实际工作环境存在较大的相似性。因此,这对于学生日后的职业能力发展具有非常重要的意义。其次,在这种教学模

基金项目 钦州学院教改项目(面向工程实际的车工实训教学改革探究 2016QYJGB31,基于项目的金工实习教学改革的探究 2016QYJGB30)。

作者简介 王海霞(1987—),女,汉族,山东滨州人,本科,助教,研究方向:机械产品设计、加工工艺及增材制造技术。

式中,学生必须深入实际生产当中,并完成规定的任务,其实践能力必然可以得到显著提升。因此,将基于工程实际的车工实训教学引入到高校车工实训教学当中具有一定的必要性[1]。

三、基于工程实际的车工实训教学实施策略

(一)加强与企业间的横向合作

基于工程实际的车工实训必须要以实际工程为载体实施教学,而现阶段大部分高校并没有开展实际车工方面的实际项目,这就要求高校必须积极主动地加强与企业之间的合作,大力引进实际工程案例。但是高校与企业之间的合作还有许多需要进一步细化的问题,并不仅仅在于实际工程项目的引入。首先,工程项目的负责人必须由高校与企业工作人员共同担任,高校教师的主要任务在于引导学生参与到实际工程项目中,企业工作人员的主要任务在于控制任务进度与任务质量把控[2]。其次,高校与企业还必须制定合理的利益分配制度,即高校在完成相关任务时也必须获得一定的报酬,将学生的劳动成果转化为经济价值。

(二)选择合理的工程项目

虽然实际工程项目在车工实训中的应用对于学生实践能力的提升具有非常重要的意义,但是由于学生在实践经验方面依然相对欠缺,如果选择存在较大难度的任务,学生必然无法有效完成,在影响企业经济效益的同时,也必然会导致学生产生较大的挫败感,最终严重影响学生的学习积极性。因此,在选择工程项目之前,必须针对学生的实际水平选择难度适中的工程案例,循序渐进地提升学生的实践能力。

(三)改革传统的教学模式

传统的车工实训教学模式已经无法满足面向实际工程项目的车工实训教学,这主要是由于实际工程项目中所涉及的知识相对较多,如果教师对所有知识进行系统教学则必然无法完成实际工程项目。基于此种情况,首先必须压缩传统理论教学时间,即只对必要的基础知识进行实践教学,特定工种所需要的基础知识教学则放在实际工程项目中进行。其次,在实际工程项目进行时教师也需要以学生为中心,真正放手让学生自主进行,使学生实践能力进一步提升[3]。

(四)改革传统的评价模式

现阶段大部分高校对学生车工实训教学评价的主要依据是学生的实训报告,这种评价模式无法体现出学生的实践能力。在实际工程项目中,对于项目的最终完成情况,企业可以做出科学合理的评价。因此,面向工程实际的车工实训教学需

要以企业对实际工程项目的完成情况评价为主要依据。高校教师也必须针对学生在车工实训中的具体表现对企业评价进行补充与完善,进一步反映出学生的综合实力。

四、结束语

在本文中,笔者结合自己的实际工作经验对面向工程实际的车工实训教学进行了分析与研究,并总结了具体的实施策略,希望能对高校车工实训教学有所启发。

参考文献

[1] 张小强."311"工程在"数控车工实训"教学中的实践探索[J].江苏教育研究,2014(15):64-66.

[2] 吴红刚.数控车工实训教学中"实训项目产品化"的实践与探索[J].产业与科技论坛,2013,12(15):183-184.

[3] 吴磊琦.把握教学关键环节,提高技能实训课的实效:以数控车工实训为例[J].教育教学论坛,2011(24):250-251.

(来源:《课程教育研究》,2017.11)

项目教学法在高校金工实训中的应用研究

王帅帅,张小军,韦相贵,颜世周,王海霞,严永豪

（钦州学院,广西钦州,535000）

摘要　高校传统的金工实训教学方法无法有效提升学生的实践能力,探索新的金工实训教学方法已经成为高校不得不面临的问题。基于此种情况,本文首先对项目教学法的特征进行了分析,并从项目提出、项目制定以及项目实施3个方面论述了具体的应用策略。

关键词　项目教学法；高校；金工实训

一、引言

在大部分工科院校中金工实训都是较为重要的内容,随着制造业的不断发展,现阶段高校也逐渐加大了对金工实训的重视程度。但是从总体上来看,现阶段大部分高校依然沿用了传统的金工实训教学模式。在这种教学模式中,学生的能力得不到充分地发挥。根据德国高校的经验,将项目教学法应用于高校金工实训中,对于学生实践能力的提升具有非常重要的意义[1],基于此种情况,在本文中笔者进行了必要的分析与研究。

二、项目教学法的特征分析

项目教学法是从德国高校实践教学中逐渐发展而来的一种实践教学方法。一直以来,德国高校在培养学生时都极为注重学生实践能力的发展,对于学生实践能力的提升具有非常重要的作用[2]。首先,在这种教学模式中,学生是教学的主体,在实训中需要自己探索相关问题,完成与其他同学或者工程技术人员的沟通与交流。这就要求学生必须积极主动地投入到学习中,通过这种方式可以有效提升学生的学习效率。项目教学的特征主要体现在以下几个方面：(1)以实际项目为教学背景,即学生金工实训的教学内容要以实际工程项目或者实际项目中的部分模拟情景为教学背景；(2)注重学生实践能力考察,在项目教学法中对学生评价的主

基金项目　钦州学院教改项目(基于项目的金工实习教学改革的探究 2016QYJGB30,面向工程实际的车工实训教学改革探究 2016QYJGB31)。

作者简介　王帅帅(1987—　),男,学士,助理讲师,主要从事工程训练。

要内容为学生的实践能力;(3)任务驱动,在项目教学法中需要以具体任务为教学载体,学生在完成具体任务的过程中实现知识的学习。

三、项目教学法在高校金工实训中的应用研究

(一)项目的提出

项目任务的提出以职业行动为导向,遵循应用技术型人才培养的教育规律,使学生明确自己的学习目标,调动学生的学习主动性。结合高职层次学生理论基础较薄弱的特点,项目任务不能太过于复杂,难度不宜过大,但是要涵盖金工实训大部分工种,涉及相关的知识点。例如,笔者在进行某次金工实训时采用了以模架制作为任务的实训任务,在该实训任务中学生需要完成导柱、导套、上模座、下模座4个零件的制作,同时在整个实训任务中需要涉及车削加工、铣削加工、刨削加工、磨削加工、钳工和热处理等金工实训的典型工种。

(二)项目计划制订

在以项目教学法进行金工实训时必须对项目计划的制订进行详细的规划才能达到具体的效果。传统的高校金工实训往往都是以单一工种或者工艺为训练方法,因此在计划制订方面相对较为简单,而在项目教学法中涉及的内容相对较为复杂。如果教师仅仅是单纯照抄金工实训教材,则必然会导致实训过程陷入混乱当中,无法达到需要的效果。在制订项目计划时,教师需要对整个项目流程进行规划,对不同流程涉及的技术进行分析,并安排好具体的教学时间,同时针对不同流程还需要制订不同的教学目标,并根据不同阶段的教学目标对学生的金工实训结果进行分析与评价。

(三)项目实施

将项目教学法应用于高校金工实训教学中最关键的阶段在于项目实施阶段,项目教学需要在企业与高校共同建立的训练基地进行,相关教学条件也必须要完全与实际生产环境一致。根据学生的兴趣与意愿将学生分为不同的小组,每个小组的学生需要通过合作完成教师所布置的任务,在这个过程中除必要情况,教师不得对学生的学习过程进行过度的干预,应该给予学生最大的自由。在学生完成相关任务之后,教师需要对每个小组的完成情况进行点评,并要求学生完成相应的实训报告。但是这也并不意味着教师可以完全放任学生自主进行金工实训,教师必须针对不同学生的具体状况给予必要的辅导,促进学生实践能力的发展。

四、结束语

项目教学法在高校金工实训中的应用可以有效提升金工实训效果,在本文中

笔者对项目教学法的特征进行了分析,并结合自己的实际工作经验对项目教学法在高校金工实训中的应用策略进行了分析与研究,希望能对现阶段的高校金工实训教学有所启发。

参考文献

［1］ 陈文辉.项目教学法在金工实训中的应用[J].中国轻工教育,2006(1):58-59.

［2］ 张宗飞.试论项目教学法在高职教学中的应用[J].教育与职业,2013(3):152-153.

(来源:《课程教育研究》,2017.11)

从工程案例看"制图"

韦相贵

（钦州学院，广西钦州，535000）

摘要 通过对一则工程施工案例的分析，强调了图纸的阅读和绘制图纸同等重要，提醒人们强化意识，提高阅读和绘制图纸的能力。

关键词 工程案例；制图；读图和绘图

一、引言

前段时间，中央电视台《今日说法》中播出了这样一则工程施工案例：深圳某小区内一小女孩因不慎从 7 楼家中的阳台护栏坠落身亡而引发的官司。按照国家有关规定，护栏间的距离不能大于 0.11m，出事后户主测量其家中的护栏间隔达 0.13m 和 0.15m。户主先找到了施工单位，对方说是按设计进行施工（因图纸上只画有 9 根护栏），不应负责任。于是，户主再找到设计单位，得到的答复是：虽然图纸上只画有 9 根护栏，但并不代表就是安装 9 根护栏（因为没有明确的数字标注，施工方应视具体实际情况决定护栏数的多少，而且图纸上有说明：未注明部分须按照国家有关标准施工）。最后经审理，法院判决：施工单位不按国家规定施工，应负一定责任，赔偿一定的经济损失。从这则因工程施工问题而引发的案例，我们得到了不少"制图"方面的启示。

二、图纸设计与图纸的阅读同等重要

这一案例有力地说明了读图与绘图的相互关系及其重要性。

工程图样（图纸）是工程技术人员表达和交流技术思想的重要工具，是工程界的"语言"，是工程技术部门的一项重要技术文件。工程技术人员与生产制造或施工人员是通过图纸来进行交流和沟通的。显然，不掌握这门交流的"语言"，人们就不可能进行相互间的交流。很简单的例子，一个不懂英文的中国人和一个不懂中文的英国人是根本无法交流的。

"制图"所研究的主要是绘制和阅读图样的基本原理和基本方法。它为培养学生的绘图和看图能力打下必要的基础。因此，这是工科学校学生一门十分重要的、

作者简介 韦相贵(1967—)，男，汉族，广西桂平人，高级讲师，研究方向为机械制图教学与研究。（地址：广西钦州市梅园路 30 号，钦州学院相辉苑，邮编 535000，电话 15878943616，邮箱 wxgl01@163.com）

必修的技术基础课。一个不懂制图知识的人，是不可能通过图纸来表达清楚其想法或设计意图的，也是不可能从事工程设计工作的。同样，一个不懂制图知识的人，也不可能理解图纸所要表达的意思和设计者的设计意图，也不可能按照图纸完成相关生产、制造或施工。所以，不管是从事设计工作的设计工作者，还是从事生产制造或施工的工作者，都必须掌握制图的基本知识。

三、要熟悉国家的相关规定

从这一案例看，施工单位一方面是没有很好的制图基础知识；另一方面是不熟悉国家的相关规定，也缺乏强烈的责任意识，从而导致了惨剧的发生。就护栏而言，国家不仅对其间隔有规定，对其高度也有严格的规定，特别是学校的护栏，更要严格执行国家相关规定及标准。可见，不管是作为设计者，还是作为施工者，不仅要掌握制图的相关知识，还应熟悉国家的相关规定。如果是建筑施工图纸，要熟悉建筑行业的相关规定；如果是工矿企业的图纸，要熟悉工矿企业的相关规定；如果是一台机器或设备，要了解该机器或设备的工作原理、目的、用途和注意事项。

四、要掌握图纸的相关知识

从制图的角度来说，这一案例给我们最大的启示就是施工单位有关人员对制图知识的缺失。设计人员、生产制造者或施工人员，必须熟悉并掌握图纸构成及其相关规定和标准。一般情况下，一张完整的图纸就包含标题栏和明细栏、一组视图、必要的尺寸标注、技术要求等内容。

标题栏和明细栏是说明与视图有关的各种信息，如图样的名称、材料、比例、单位名称、代号和设计、审核、批准等人员的签名等内容。查看图纸时，一般都是先通过标题栏和明细栏来了解相关信息。

视图是设计者在绘制图纸时，根据有关标准和规定，采用一定的投影方法将物体向投影面投射所得的图形，更是设计者用以表达其设计意图和思想的一组图形。这自然是制图的重点学习内容。读图时，首先要找出主要视图，然后看图样用了多少个图形，各采用了什么表达方法，以及各视图间的关系。这里特别想说明的是，在读图时要注意图样的各种特殊表达方法：拆卸画法、假想画法、夸大画法、展开画法、单独表示法、简化画法。如图 1 就属于一种简化画法，在制图上有这样的规定：当物体上具有若干相同结构并按一定的规律分布时，只需画出几个完整的结构，其余用细实线连接，在图中则必须注明该结构总数。本文所引用的案例就采用了简化画法。本文开篇所提案例中，就是由于施工单位有关人员没有注意这一问题，导致了惨剧的发生。

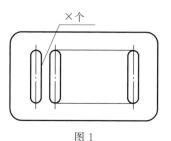

图 1

尺寸是确定图形形状和大小的必要因素,它是图纸中的一项重要内容,国家标准规定了标注尺寸的一系列规则和方法,绘图时必须遵守。尺寸标注上出现的任何问题,都会使生产发生损失。因此,标注尺寸要严肃认真,一丝不苟。[1]标注平面图形尺寸时,既要符合国家标准规定的尺寸注法规则,又要保证图形的尺寸齐全,既不能遗漏,也不应多余,甚至发生矛盾。[2]要正确绘制或看懂一个图形,必须掌握图形的尺寸分析和线段分析。就本文所引案例而言,为避免出现误解,如图 1 所示,选择直接在图上标明会更好。

技术要求是按图纸进行生产制造或施工时必须达到的指标和某些质量、外观上的要求。这是图纸的重要内容之一,拟定的技术要求是否正确,将直接影响生产制造或施工的质量。在制定技术要求时,应参考有关技术资料或类似产品的图纸,用类比法结合具体情况来确定。要读懂一张图纸,就必须读懂图纸上的技术要求等全部内容。比如本文案例中的设计者已在图纸上写明技术要求:未注明处按国家有关规定进行施工。令人遗憾的是,施工单位因为没读懂或忽略了图纸上的技术要求,导致了惨剧的发生。

五、结束语

血的教训再次提醒我们,作为工程设计人员、生产制造人员或施工人员,不仅要有高度的责任感,还必须全面掌握制图知识并严格遵守国家有关规定和有关标准,以避免给国家和人民造成生命或财产的损失。

参考文献

[1] 唐克中,朱同钧.画法几何及工程制图[M].北京:高等教育出版社,2002.
[2] 朱辉,曹桃,唐保宁,等.画法几何及工程制图[M].上海:上海科学技术出版社,2007.

(来源:《价值工程》,2010.12)

三、实践与创新能力培养

工程实践能力助推工程技术创新研究

傅水根[1]，韦相贵[2]，梁家海[2]，颜晓娟[2]

（1. 清华大学，北京，100084；2. 钦州学院，广西钦州，535000）

摘要 本文针对中国基础教育长期存在的应试教育，导致大学生实践能力较差的现象，论述中国的高等工程教育要培养大批的工程创新人才，必须在整个人才培养过程中十分重视工程实践，构建起以素质教育为基础，实践教学为主线，专业能力培养为核心的新型工程人才培养模式。文章在提出增强学生工程实践能力的各种有效途径的基础上，紧密结合中国的具体国情，进一步论述了工程训练中心的核心功能是提升学生的工程实践能力，列举了工程实践能力助推工程创新系列典型案例作为佐证，最后归纳出工程技术创新的公式。

关键词 高等工程教育；应试教育；实践能力；工程实践；工程技术创新公式

一、我国工程技术创新人才培养存在的问题

我国在改革开放以来，虽然在科学技术领域取得了众多成就，但与国家的期望相比，仍然差距甚大。众所周知，我国科研成果的市场转化率很低，大约为10%，而发达国家的转化率却为40%～50%；我国拥有的专利数量很多，已成为世界上的专利大国，但具实用价值的不多，发展成为核心技术的就更少；我国每年发表的论文也很多，但被引用的仍然不多。国家每年投入那么多的人力和经费开展各领域的研究，却面对上述尴尬现象，问题究竟出在哪里呢？

仔细分析我国整个教育系统的现状，就不难找到问题的答案。

基金项目 教育部机械基础课程教学指导委员会/工程训练教学指导委员会项目 工程材料及机械制造基础课程标准的制定依据和原则(JJ-GX-jy201402)、基于转型中的应用技术大学工程训练中心建设研究与实践(JJ-GX-jy201436)；广西区教改项目 "跨专业科研探究"课程建设与研究(2015JGA363)；钦州学院教改项目 基于应用型人才培养的"金工实习"课程建设研究与实践(2014XJJG-C16)。

作者简介 傅水根(1945—)，男，汉族，钦州学院特聘教授，清华大学二级教授，北京市教育创新标兵，国家级教学名师，国务院政府特殊津贴资深专家。曾连续3届(1996—2013年)任教育部机械基础课程教学指导委员会副主任委员。

其一是我国的基础教育虽然长期倡导教育教学改革,但从本质看,最核心的仍然是应试教育。正因为此,我国高校新入校的大学生的动手能力很差成为普遍现象。初中劳动技术课的开设,本应提高学生的实践能力,促进应试教育向素质教育转化,但很多学校并不如我们所望。高中通用技术课程,同样应该促进应试教育向素质教育转化,像中国人民大学附属中学就做得很好,不仅在初中劳动技术课程的基础上,建立起一支很强的师资队伍,而且开设了与实践高度结合的创新型课程。然而,仍然有很多高中没有开设该课程,或者开设这类课程的,只是走了形式,而缺乏实质教学内容。这样,进入到大学的低年级学生,实践能力的底子就很不好。

其二是我国的职业技术教育,近 10 年来发展非常快。不仅有了相当大的规模,而且有了很好的实训基地和培训设备,整个教育体系正向着现代职教体系转化。然而,由于我国取消了一级到八级的八级工制,而代之以初级工、中级工、高级工、技师、高级技师五级工制,在不少情况下,不是依靠在生产中解决实际存在的技术问题来获取相应的技术等级,而是在职业技校、高职高专和培训班里批量产生初级工、中级工、高级工,甚至技师,这就使得我们的技工水平难以得到质量上的保证。他们在生产中所应该表现出的技能和技巧就可能不够。当然,在如此众多的学生与技工中,肯定会出现少量的优秀者,但总体水平难以满足我国由制造大国向制造强国转化的需要。我国高技能人才培养的普遍性质量,不仅会直接影响到我国机电产品的质量,而且会影响到制造业的未来发展。

其三是我们的理工科大学,虽然创建了一大批工程训练中心,但面对越来越广泛的实践教学资源,实践教学的学时却越来越少,导致教学资源与教学时间的巨大矛盾。结果不只是浪费了宝贵的实践教学资源,而且学生的实践能力也很难培养起来。我们知道,实践能力的培养是需要足够的时间打磨的。所谓"熟能生巧",指的就是这个道理。

其四是我国高校的一些教师,虽然学位很高,但实践能力不行。一旦离开机房、离开计算机、离开网络,就几乎一事无成。由于这些教师本身的实践能力欠缺,必然会把这种弱势遗传给学生,导致不少硕士、博士毕业生的实践能力不行。而工程实践能力,恰恰是实现工程技术创新的关键要素。

其五是大学对教师业绩的评价方式非常死板,主要看教师发表的论文。这不只是使一大批应用型大学的教师很纠结,同样也使一些高水平大学的工科教师很纠结。在工科,像工程力学、工程材料、摩擦磨损等领域,出高档次的论文相对容易,而当研究项目与工程实际联系紧密,与机电产业联系紧密,就很难写出类似 SCI 所收录论文那样理论水平高的论文了。作为大学的教师,工作是多种多样的,但无论你干什么,考评的核心内涵几乎雷同——论文,尤其是被 SCI 收录的论文。这样,就逼得一些教师不得不干自己不愿意干的事情了。

其六是不少大学按照理科培养科学家的教育模式来培养工程技术人员[1]。在 4 年的人才培养计划中,实践教学环节所占比例很少。这就导致不同类型高校的人才培养千人一面、同质化严重,缺少应有的特色。

其七是目前的大学领导与教师多数科研出身,缺乏工程经验,以为走他们的路子——花钱买高级设备搞研究就可以了。其实,对于高层次的研究人员与工程技术人员,不是简单地花钱买设备做研究,而是需要凭借他们自己的聪明智慧,创造出新一代的仪器设备。我国不断花高价从国外引进的那些先进实验装备,难道不是其他国家研究人员和工程技术人员所创造的吗?而要实现这种高层次的创新目标,就必须具有扎实的理论功底和扎实的实践功底,并积累丰富的工程经验。

二、增强实践能力的 8 个主要途径

学生进入大学后,要提高实践能力,有下列 8 个主要途径[2]:

(1)普通劳动实践　我们身边的大多数人,包括我们的家人、亲戚、朋友等,都在进行着平凡的普通劳动。例如,教师、司机、售票员、售货员、炊事员、快递员、家务劳动者、马路清扫者或机电维修者等。正是他们的辛勤劳动,才使我们的工作和日常生活变得井然有序。我国是一个拥有 13 亿人口的大国,绝大多数人都从事普通劳动。对年轻的大学生来说,从实践中认识普通劳动的意义,培养劳动观念,懂得、理解与尊重劳动人民,对社会和谐与个人未来发展有着积极的意义。

(2)教学实验实践　尤其在理工科大学,各种基础性和专业性的实验是学生学习中的重要组成部分。学生在实验中,除了掌握科学的实验方法外,还要对实验原理进行深刻的思考,对实验现象进行细致观察与深入分析,以便实现对知识的透彻理解和掌握。尤其在教育教学改革的今天,大学正倡导减少验证性实验,开发综合性、设计性和创新性实验。这些新型的实验,对学生实践能力的提高和创新思维的培养具有重要意义。

(3)研究项目实践　从理论教学的角度看,中国的一流大学与国外的大学相比,并无太本质的差别。但从学生参加研究项目的角度看,差别就比较明显。一方面,我国政府对大学的经费投入虽然不断有所增加,但对不同类型高校投资的力度差别甚大,使部分应用型大学开展项目研究存在经费和设备上的难度;另一方面,我国高校有不少教师本身缺乏科研实践,难以提出研究项目并进行得力的指导。因此,一方面,教师要积极参加科研,从科研工作中找出学生可以参与的项目;另一方面,要有效地组织学生,使他们更多地进入研究实践中来。各种各样具有一定创新内涵的研究项目,都属于创新实践。

(4)工程训练实践　指在我国高校建立的工程训练中心进行的工程训练实践。训练中心拥有丰富和优质的实践教学资源,学生在工程实践的教学过程中,通过一系列的实践教学安排,除了学习各种工艺知识,掌握各种工艺方法外,还可以培养严谨的科学作风、增强综合素质和培养创新意识。与此同时,还给学生提供一系列独立设计、制作和综合训练的机会,让学生在动手动脑、求新求变和反复比较中得到成长。工程训练实践,为学生活化知识,实现创意,走向工程和实现就业架起了一座宽广的桥梁。

（5）工业训练实践　企业由于市场竞争的压力，除了必须拥有一流的设备，先进的工艺流程，真实的工程背景和生产氛围外，还必须拥有一流的企业管理水平和建立起现代企业文化。企业中所拥有的上述资源优势，在学校内部进行的工程训练是无法具备的。尤其在目前，有相当比例的高校撤销了校办实习工厂，这就使学生参加工业实践更有必要。由于我国学生在企业的工业实践没有相应的法律，因此在企业的实践活动很难有动手的机会。

（6）社会调研实践　各种社会调研实践，可使学生进一步了解我国的国情和民情，强化个人与群体、个人与社会、个人与国家的关联度，从而增强个人对家庭、对集体、对社会、对国家的责任感。这是培养我国所迫切需要的复合型人才和创造性人才所不可缺少的。

（7）虚拟训练实践　随着计算机软、硬件技术的迅速发展，我国的理工科大学发展出"虚拟训练实践"。例如，计算机仿真技术训练，虚拟仪器技术训练，虚拟现实技术训练等。从实验的名称看，似乎这类实验比较虚，但从实际看，由于这类实验装置含有丰富的数据库和专家系统，因此与真实的实验并无二致。更为重要的是，在虚拟系统上进行训练，不但安全，而且可进行真实设备所不能实现的故障设置与排除等。

（8）毕业设计实践　这是检验与提升大学生 4 年学习质量的一种综合性实践，也是学生毕业前最后的一个考评环节。学生的毕业设计，往往以项目为牵引，引导学生将所学知识，转化为解决实际问题的综合能力。同时，也是对学生思维深度和论文写作的提高与检验。

一位高质量的本科毕业生，必须具备 3 项扎实的功底。这就是扎实的理论功底、扎实的实践功底和扎实的做人功底，而扎实的做人功底又是摆在第一位的。

学生在本科期间，经历了以上 8 方面的实践历练，又有 3 项扎实的功底，就可以脱离书生气，开始走向工程了。

三、工程训练中心最核心的功能——动手、实践、训练

众所周知，我国的工程训练中心主要是在校办工厂金工实习基地与金工实习课程的基础上建立起来的。1998 年，随着教育部世界银行贷款高等教育发展项目的确立与实施，工程训练中心的建设目标、理念与内涵才得以迅速发展[3]。

至今，我国的工程训练中心已经发展到有 30 多个国家级实验教学示范中心，上百个省市级实验教学示范中心[4-5]，拥有丰厚的优质实践教学资源。几乎在每所理工科大学，无论属于研究型还是应用型，都建设有作为独立教学单位的工程训练中心。

那么，作为国家和学校从财力、人力到面积投入巨大的工程训练中心，它在培养学生中的核心功能到底是什么呢？

要深入了解训练中心的核心功能，首先要弄明白，我们的学生在实现大学 4 年培养目标的过程中，究竟最缺少的是什么。是知识吗？从基础教育到大学教育，已经 10 多年了，各门课程的知识已经灌输很多了。但学生学到的这些知识，很多都是书本上的死知识，而死的知识是没有太多用途的，这就需要将这些死知识变活。

怎样将学生头脑中的死知识变活，必须通过一个重要的实践教学环节来实现。这个实践教学环节，既包括不同院系的基础实验室和专业实验室的各种实验训练，又包括工程训练中心提供的各种工业实践训练。

我们认为，作为与社会企业密切相关的工程训练中心，最核心的育人功能是动手、是实践、是训练，是通过得力的组织方法和教学方法，使学生在应用训练中心丰厚实践教学资源的过程中，增强他们最缺乏的工程实践能力。在增强工程实践能力的同时，进一步学习工艺知识，提高综合素质，培养创新意识和创新能力。

我们发现，学生在训练中心的综合性工业实践中，自始至终贯穿着这样的一个学习认知过程：即在实践中观察，在观察中思考，在思考中领悟，在领悟中成长。也就是说，在实践过程中，你的观察是多还是少，是粗还是细？你的思考是多还是少，是浅还是深？你的领悟是有还是没有，是多还是少？同样一个大学毕业生，最后出现的境界差别就在这里。

我国著名的教育家陶行知先生阐述过"行动是老子，知识是儿子，创造是孙子"这样合乎逻辑的观点。其中的"行动"就是实践。或许我们再增加一句："思考是影子"，可能就更为完美了。这是因为，无论人们的具体实践，学习知识，还是实现创造，深入的思考总是如影相随。因此，如果我们把创新放在第一位，很可能是颠倒了训练中心核心功能的主次关系。为什么？一是"创新之根在实践"；二是学生最后的创新业绩，是大学4年系统教育的结果，而只有工程实践能力的提升，才是工程训练中心的核心重点和核心价值。抓住了实践能力的提升，就在本质上抓住了创造的根。

正是在工程训练中心经历的这样一个符合认知规律的复杂实践过程，使学生将动手与动脑高度结合起来，这就不仅使学生头脑中的知识得到活化，而且通过反思，容易发现学习中存在的问题，找到理论与实践结合的途径，明确实践能力与创新的关系，从而发现今后的努力方向。

杨叔子院士在我编著的《探索工程实践教育》(第2辑)"序"中这样写道："固然，没有理论指导的实践是盲目的实践；但是，没有实践的理论永远是空洞的、灰色的、没有生命力的理论。实践之树常青。在不同学科领域，实践形式纵然千差万别，毕竟实践总是走在理论前面，实践的品格永远高于理论的品格。没有实践的教学、教育就是基础浅的、不完备的、没有生命力的教学、教育。"

我们以前把上大学叫作"深造"。然而，如果我们的学生进入大学后，虽然学到了很多知识，但是不知道如何通过实践，将知识转化为活的知识，不知道如何将这些知识应用到解决实际问题中去，那么这些学生在大学里只是实现了"浅造"，而不是"深造"。只有那些通过各种实践，掌握了将死知识转化为活知识，将活知识转化为创造力的学生，才真正实现了"深造"。

四、实践能力助推工程技术创新

如果我们注意观察，就不难发现，虽然有的人学位不高，知识似乎不多，但由于喜欢动手，实践能力很强，仍然可以在工程技术领域实现创新甚至做出突出贡献。

下面举若干例子予以说明。

例如,发明群钻的北京永定机械厂钳工班的班长倪志福。在20世纪50年代,我国研制出一种新型的钢材——高锰钢,这种钢材的强度很高。如果采用标准的高速钢麻花钻头钻孔,非常困难。当倪志福同志接受这项科技攻关任务后,带领团队成员,凭借着钻研精神和以往的技术积累,注重汲取他人在钻头领域的经验,终于研制成功举世闻名的群钻。群钻的诞生,不仅解决了高锰钢材料的钻孔问题,而且解决了不锈钢、耐热钢、有机玻璃、紫铜等一系列难加工材料的孔加工问题(图1～图3)。

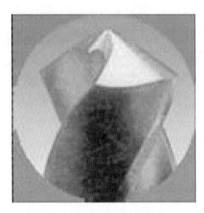

图1　倪志福同志在工作　　　　　图2　普通标准麻花钻头

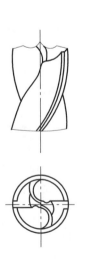

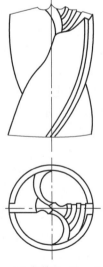

(a) 小型(d<15mm)　　　(b) 中型(d=15～40mm)　　　(c) 大型(d>40mm)

图3　倪志福研制的群钻

　　例如,北京通州的农民吴玉录,只有小学文化水平,但由于喜欢动手,喜欢进行机器人研究,经过多年的努力,最后研制成功几十台机器人。吴玉录把他利用废旧金属制作的黄包车机器人车夫命名为"吴老三十二",还给它设置了程序,使其在行走时会说:"我是拉洋车的机器人,吴玉录是我爹,现在我拉我爹去逛街,谢谢!"2010年,上海世博会曾向他预定了一批机器人参展(图4～图5)。

　　例如,沈飞集团最年轻的技师方文墨,在钳工领域精益求精,练就了高超技艺,实现了加工公差0.003mm,相当于头发丝直径的1/25,连精密数控机床都很难达到这个精度,被称为"文墨精度"(图6)。

　　再如,首钢的焊接技术专家刘宏,通过刻苦钻研,不仅掌握了6～7种高超的焊接技术,而且承担了首钢多项"特种钢材"的焊接实验任务,成为首钢创新的品牌人物(图7)。

　　以上是那些没有受过高等工程教育的普通技工所创造的奇迹。这些事实说明,长期喜欢动手所造就的实践能力是取得成功的关键要素。这正是杨叔子院士在4篇文章中采用同一个标题"创新之根在实践"[6]的主要原因。

图4　吴玉录的机器人1

图5　吴玉录的机器人2

图6　钳工高级技师方文墨

图7　焊接高级技师刘宏

　　再如,我自己(第一作者傅水根),自1986年从英国伯明翰大学回国后,在20多年的时间内,除了完成大量的教学工作外,依靠团队,长期坚持,为国家主持研制了 8 台套先进的特种装备。

以下列举部分研究成果(图 8～图 13):

图 8　DK6825 数控旋转电加工磨床

图 9　汽车离合器超速试验机

图 10　汽车离合器超速试验机核心部件

图 11　十二工位数控激光淬火机床

图 12　多功能木材力学试验机

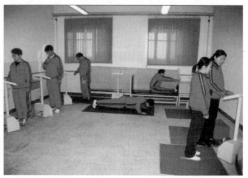

图 13　体质智能化测试系统

这些例子同样说明,如果我和我的研究团队的工程实践能力和工程经验不够,就不敢承接这些具有不同技术难度、有创新和实际应用价值的先进装备。

因此,在同样的学历条件下,创新经常不是与知识的多寡呈正相关,而是与实践能力的高低呈正相关。高分低能现象的产生正好说明这个问题。实践的过程不是只动手,而是将动手动脑紧密结合起来,是在实践中观察,在观察中思考,在思考中领悟,在领悟中成长。正是扎实的工程实践能力,有力地促进了工程技术创新。

五、工程技术创新人才的培养公式

从我亲身经历的工程技术创新实践,以及观察国内外同事与同行的创新实践,如果综合考虑到实现工程技术创新的诸关键要素,可以尝试归纳出一个大体符合实际的公式[7]:

工程技术创新＝A＋B＋C＋D

A＝科学知识＋技术规范＋工程经验(专业技术能力)

B＝创新思维(想象力、兴趣)(创新思维能力)

C＝实践能力(创新实践能力1)

D＝团队合作(跨学科)(创新实践能力2)

如果将上述系统的分析与综合予以简化,就是对工程创新人才的培养要瞄准3项扎实的功底,即扎实的理论功底、扎实的实践功底和扎实的做人功底。一个人只要具备这3项扎实的功底,无论工作在任何领域,无论遇到怎样的困难,都可以干出一番新事业来,都可以闯出一片新天地来。因此,要实现工程技术创新的目标,必须构建起以素质教育为基础,以实践教学为主线,以专业能力培养为核心的新型工程人才培养模式。

那么,为什么单独把公式 A 中的技术规范和工程经验与科学知识并列在一起呢?实际上,各种技术规范本应属于科学知识的范畴,但我们发现,教师在施教,学生在求学的过程中,体现在国家技术标准、部门技术标准和行业技术标准中的各种技术规范,例如,机械设计中的尺寸公差与配合、形状精度、位置精度、热处理和表面处理等经常处于不很重要的地位,学生得到训练的机会往往比较少。而要将创新思维转化为规范、严谨的工程图纸,学生除了要掌握必需的视图表达外,相应的技术规范起着非常重要的作用。

六、结束语

在解决工程技术问题时,除了相应的理论知识不可缺少外,长期实践所积累的工程经验也很重要。它会使我们懂得学习与借鉴,会帮助我们少走很多弯路,使我们对项目的难点有足够的判断力,使我们对某些不确定的东西易于找到突破口和可实现的技术途径。在工程技术领域,并非什么都需要创新,很多东西需要学习、继承与借鉴,只有技术上的突破才需要创新。当然,我们也需要避免经验主义带来的局限性。

工程训练中心的核心功能是提升学生的工程实践能力。加强工程训练中心建设,将有助于增强学生工程实践能力,有助于创新人才的培养,对工程技术创新将起到积极的助推作用。

参考文献

[1] 孙康宁,傅水根,梁延德.浅论工程实践教育中的问题、对策与通识教育属性[J].中国大学教学,2011(9):17-20.

[2] 傅水根.将工程训练中心建成综合性多功能实践教育平台[M]//探索工程实践教育(第2辑).北京:清华大学出版社,2013:198-203.

[3] 傅水根.筹建清华大学工程训练中心的总体框架方案[M]//探索工程实践教育(第2辑).北京:清华大学出版社,2013:13-17.

[4] 傅水根.关于建设工程训练教学示范中心的若干思考[M]//探索工程实践教育(第2辑).北京:清华大学出版社,2013:27-32.

[5] 傅水根,严绍华,李鸿儒,等.创建国内领先的工程训练教学示范中心[M]//探索工程实践教育(第2辑).北京:清华大学出版社,2013:93-96.

[6] 杨叔子,吴昌林,张福润.四论创新之根在实践[J].高等工程教育研究,2006(2):3-6.

[7] 傅水根.机械创新的思维方式和应具备的能力[M]//探索工程实践教育(第2辑).北京:清华大学出版社,2013:265-268.

(来源:《钦州学院学报》,2015.11)

开展学科竞赛，提高大学生实践能力和创新能力

——以机械创新大赛为例

韦相贵,刘渊,侯昭武

（钦州学院,广西钦州,535000）

摘要 尽快提高大学生的实践能力和创新能力,对北部湾的发展具有十分重要的意义。论文以机械创新设计大赛为例,通过对学科竞赛的分析,结合钦州学院的实际,阐述了学科竞赛与大学生实践能力、创新能力的培养关系,并从多角度提出了利用学科竞赛平台提高大学生实践能力和创新能力的举措。

关键词 学科竞赛；机械创新设计大赛；实践能力；创新能力；人才培养

刚结束的全区科技创新大会指出,广西在全国具有独特的区位优势,不仅面临提高经济总量、加快转变经济发展方式的紧迫任务,要成为全国对外开放的新高地和新一极,对提升自主创新能力提出了更高的要求。

要实现这一目标,就离不开创新型人才的培养。《中华人民共和国高等教育法》明确规定："高等教育的任务是培养具有社会责任感、创新精神和实践能力的高级专门人才"[1]。高校作为人才培养的摇篮,如何培养创新型人才？如何才能提高大学生的实践能力和创新能力,以适应社会发展的需要？各地高校都在进行探索,都在千方百计采取各种切实有效的措施,努力进行各种实践教学改革,并不断改善实践、实验教学条件。

高校以提高大学生的创新能力和实践能力为目标,构建符合实际的实践教学体系,并提出适合自身发展实际的行之有效的措施。由于身处校园里的大学生很少有参与社会实践的机会,因此,要激发学生们的创造性思维、培养学生们的创新能力,最为快捷而有效的途径便是积极参加各类学科竞赛。正如中国科学院院士、著名机械工程专家、教育家杨叔子所指出的,机械很重要,没有机械就无所谓工业；创新很重要,没有创新就没有发展；设计很重要,设计决定着产品的成本、功能和使用寿命,所以,机械设计创新大赛很重要[2]。

一、学科竞赛与大学生实践能力、创新能力的培养关系

目前,广西全区性的或全国性的各种学科竞赛较多,有较大影响力的或难度较

作者简介 韦相贵(1967—),男,汉族,广西桂平人,钦州学院高级讲师,主要从事机械教学与研究。

大的综合性的学科竞赛,包括机械创新设计大赛、工业设计大赛、大学生金工设计制造创新大赛等;也有影响力相对小一些的学科竞赛,包括广西创新设计大赛、智能车竞赛等各种学科竞赛十多项。我校积极组织学生参加了各种学科竞赛,并且成绩斐然。以"全国大学生机械创新设计大赛"为例,至今已成功举办了5届,大赛的选题不仅紧扣社会发展中的现实问题,而且更能体现大学生的创新与实践等综合能力,为培养大学生的创新能力和实践能力提供了良好的实施平台。因而每届比赛不仅得到了高校教师和大学生的积极响应,更得到了各高校领导的大力支持,以至于参与"全国大学生机械创新设计大赛"的高校数量越来越多,参赛的学生人数越来越多,影响力也越来越大。如今,这一大赛已成为全国大学生四大竞赛之一。我校从2008年第三届到今年第五届每届都积极组织学生参加比赛,参赛作品数量以及学生参赛人数每届都在增加,成绩也一届比一届进步。

在我国提出建设创新型国家并从制造大国向制造强国转变的大背景下,为了更好地引导高校加强大学生工程实践的训练和实践动手能力的培养,提高学生创新思维、工艺制作及综合设计等实践能力,教育部机械基础课程教学指导分委员会委员和全国大学生机械创新设计大赛组委会举办了机械创新设计大赛。目的在于引导高校在教学中注重培养大学生的实践能力、创新能力与团队协作能力等综合素质;吸引、鼓励广大学生踊跃参加课外科技活动,为优秀人才脱颖而出创造条件[3]。

(一)学科竞赛有利于培养学生实践能力

实践能力是一种综合能力,是人在实践活动中培养和发展起来的分析、解决实际问题的能力,其构成要素包括观察能力、学习思考能力、获取知识和综合运用知识的能力、动手操作能力、人际交往能力和语言表达能力等。各高校应重视加强对大学生各种实践能力的培养。

要完成创新设计大赛的参赛作品,参赛学生不仅要有好的创意,更需要有好的设计与制作,并对作品进行调试。而且参赛作品的制作并非一人所为,而是由3~5位同学组成的团队相互配合、共同制作完成的。这就要求团队必须根据每位成员各自的特长进行分工、负责,相互协作,共同努力。因此,参赛学生在作品的整个制作过程中,从查阅资料到创意提出、从作品设计到撰写说明书、从作品加工制作调试到竞赛答辩,经历了竞赛的各个不同环节,使自己的实践能力得到了全方位的训练和提高,这是大学生们在课堂教学中无法获得的。

例如,我校今年的参赛作品"筷子分拣魔盒",由于没有这方面的产品可借鉴,项目组成员集思广益,反复对筷子的分拣进行了分析研究,并将在课堂上学到的力学、机械传动及机械制图等理论知识应用到实际中,最终设计绘制了"筷子分拣魔盒"。在广西赛区的比赛中,该作品因其设计新颖、制作精良而获得评委的高度评价,但在复赛中,参与答辩的同学因在语言表达等方面表现欠佳而没能实现冲出广西走向全国大赛的梦想,只获得了广西赛区一等奖。而在同时参加工业设计大赛的作品"抽气防臭蹲便器"创意虽好,却因在设计及制作方面的不足而没能获得好成绩。学生们通过参赛,充分认识到创新的结果只有通过实践活动才能体现出来。这也进一步说明了学生在语言表达、作品设计制作等实践能力方面还存在不足,有待于全面提升。

(二)学科竞赛有利于培养学生的创新能力

创新意识是人们改变客观现实的创造性思维活动,是人类意识活动中的一种积极的、富有成果性的表现形式。它是创新能力的核心因素。只有在向学生灌输丰富理论知识的同时,不断激发大学生潜在的创造欲望和创造热情,才能使其逐步形成创造性思维,也才能更好地培养大学生的创新能力。这就需要大学生积极参与各种课外科技活动、社会实践活动,特别是各种学科竞赛,使自己的综合素质在活动中得到锻炼。学生在参加学科竞赛时,为使作品符合大赛主题并设计出好的作品,会自觉地去思考、探索,并设法去解决一些具体问题。通过对有关资料的收集、研究及分析讨论,迸发出创造性思维的火花,从而激发进一步研究实际问题的兴趣和创新欲望,进而有效提高大学生的观察能力和创新能力。

例如,我校今年在机械创新设计大赛中获得一等奖的参赛作品"筷子分拣魔盒"、获得二等奖的作品"未来式多功能型自动化独立办公空间"和在工业设计大赛中获得优秀奖的作品"抽气防臭蹲便器",以及去年在广西创新设计大赛中获一等奖的参赛作品"新型人力电力两能脱水机",其灵感无一不是来源于对日常生活的观察。"新型人力电力两能脱水机"是学生从脚踏式洗衣机中获得灵感,并通过调研分析,提出了一种可以人力、电力兼用的两能脱水机。这种脱水机既可利用电能实现衣物脱水,也可在没有电源时利用人力实现衣物的脱水功能,特别适合于乡村或供电不正常的地区。这些参赛作品的构思都是学生们在进行求异思维的创新设计。

可见,一个好的大赛作品,无论是选题、设计,还是制作、改进及最终完成,是真正的工学结合,是真正的教、学、做一体化。参赛的大学生通过参与机械创新设计大赛的全过程,不仅能灵活运用所学知识去解决实际问题,还能使自己所学的机械专业知识在制作作品过程中得到巩固提高,更能提高自己的创新能力、实践能力、团队协作能力、论文写作能力等综合能力。

二、扎实做好学科竞赛各项工作的举措

(一)使学科竞赛规范化、常态化

培养大学生的创新能力和实践能力不是参加一两次学科竞赛就可以完成的,而是高校的一项长期而重要的工作。因此,高校应逐步完善培养大学生的实践能

力和创新能力的长效机制,使其从资金保证、组织形式、培养途径、奖励制度等方面规范化、常态化[4]。

（1）从学校到各二级学院,成立相应学科竞赛常设机构。不仅要组织好各种全区性、全国性的学科竞赛,还应设立校级的类似竞赛,并制定相关政策。既可为全区性、全国性比赛进行选拔,更可扩大学生参与面,真正实现对大学生创新能力和实践能力的培养。

（2）为全面落实《教育部关于大力推进高等学校创新创业教育和大学生自主创业工作的意见》,鼓励大学生参加创新培训和创新实践活动,我校出台了《钦州学院大学生创新创业园管理暂行办法》,从今年起启动了大学生创新创业训练计划,为提高大学生的创新能力和综合素质提供了平台。可以将这一平台与学科竞赛平台进行有效结合,以发挥更大的作用。

（3）不管是学科竞赛平台,还是大学生创新创业平台,真正参与到其中的学生还是不多,还没有达到全面提高全体学生实践、创新能力的目的。学校应成立"创新实验中心"或"创新实验室",在加大实验设备设施投入的同时,长期对学生开放学校各种实验室,为学生提供足够的训练空间,使大学生实践能力、创新能力的培养既不受限于学科竞赛,又可为学科竞赛做准备。

（二）以竞赛为平台促进教学改革

学科竞赛是对学生实践能力、创新能力等综合素质的一种检验。没有良好的综合素质,学生是不可能做出一件好作品的。因此,高校在教学上必须加快改革步伐,使人才培养方案、课程设置及教学方法更合理、更注重实际,向更有利于培养学生创新能力和实践能力的方向发展。

（1）要根据社会及学校的发展实际,不断修改人才培养方案及教学大纲,增加创新性实验内容和实验课程,使课程的设置更趋合理,更有利于学生创新能力和实践能力的培养。例如,机械专业的机械原理与机械设计课程就有重复,可对其进行综合设计,实现机构、机械系统运动设计和结构整机的一体化设计训练,以加强学生综合素质的培养。探索一体化教学模式,实行"完全学分制""弹性学习制",让学生拥有更多的自由选择和自主安排权,使学生变被动学习为主动学习。

（2）在教学中,教师要善于探索教学方法,充分运用启发式、引导式的教学,注重培养学生的创新意识。例如,在工程制图的教学中,可以着重培养学生的空间思维和空间想象能力。又如,金工实习可在完成基础训练后,给学生提供一定的材料,让学生根据材料自己设计制作一个零件或作品,使学生在整个实习过程中都有新鲜感,且富有挑战和刺激,不仅调动了学生的学习积极性,更培养了学生的实践能力和创新能力。

（3）加强实验、实践教学,突破原有学科与课程界限,由"单一型"向"综合型"转变;由"示范型""验证型"向"参与型""开发型""探索型"转变[4]。学校要根据各专业的具体实际将基础课中的实验进行优化、组合,结合专业特点增加实验内容的渗透性、开放性、综合性和创新性,使理论与实践相结合、教学与实用相结合,让学生边学边干,让学生真正全方位参与到实践教学活动的各个环节,进而提升学生的实践能力。

(三)出台并不断完善各种相关政策

好马需要配好鞍,好的想法需要有好的制度。为了更好地培养学生的实践能力和创新能力,学校还应出台并不断完善相关政策,鼓励师生积极参与到创新实践活动中来。

(1)建立学科竞赛基金,以最大限度地保证竞赛的顺利进行。学校可在对项目进行全面筛选的基础上,选出具有可行性、创新性、实用性的项目给予资金保障,并在资金允许的情况下,尽可能多地扩大参赛项目数,让更多学生有机会参与学科竞赛。在资金有限的情况下,可先在全校范围内开展专题性概念设计大赛,对评选出的最佳设计方案技术设计再给予资金的支持,完成作品的制作,并参加相关省级、国家级学科比赛。

(2)制订相关激励措施。为激发学生的学习兴趣,培养学生的创新精神和实践能力,我校制订了《钦州学院学生参加学科竞赛管理办法》。这对鼓励学生积极参加各级各类大学生学科竞赛,起到了积极的作用。但《钦州学院学生参加学科竞赛管理办法》还应进一步完善:一是不应仅局限于学科竞赛,对积极撰写研究性论文、申请发明专利的学生,也应有类似的激励政策,而且这将更能激励学生参与社会实践、积极探索、勇于创新;二是对付出了劳动却没有获奖的教师,相关制度也应体现对他们劳动成果的认可。获奖固然重要,值得奖励,但不应是目标,我们的目标应是培养学生的实践能力和创新能力,所以对在比赛中作品没有获奖的但已付出了劳动的指导教师,在政策上应有所体现。

(3)营造良好的校内外科技创新环境。创新来源于对现实生活的观察和思考,学校应充分利用实践教学基地,并不断开辟新的实践教学基地,创造更多让学生参与社会实践的机会。例如,机械102班的陈俊良同学的大学生创新创业项目"基于大蚝生产的蚝柄机械设备技术研究",就是在暑假参与学校组织的"大学生社会实践服务团"到了钦州茅尾海大蚝生产养殖基地实地调研后,经过自己的思考而确定的研究项目。

三、结束语

如何提高大学生的实践能力和创新能力已成为高等教育面临的重要课题,各高校都在不断进行研究探索。实践证明,创新学科竞赛对大学生的知识综合运用能力、分析解决实际问题的能力以及团队合作能力等都具有积极的意义,是培养大学生实践能力和创新能力的有效形式。充分利用这些学科竞赛平台,深化教学改革,培养更多创新型人才,是整个国家发展的需要,是北部湾发展的需要,是钦州发展的需要,更是钦州学院发展的需要。

参考文献

［1］ 王赛玉.高校创新教育的探索与实践[J].湖北师范学院学报(哲学社会科学版),2005(4):38-39.

［2］ 云忠,王艾伦,汤晓燕.基于创新大赛的机械工程拓展型人才培养模式的研究与实践[J].高等教育研究学报.2010,33(3):95-98.

［3］ 刘力红,张东速.以设计竞赛为载体,促进学生综合素质提高[J].安徽理工大学学报(社会科学版),2010,12(2):85-87.

［4］ 李积彬,王华权,吴玉斌,等.大学生机械创新设计能力培养探索与实践[C].中国机械工程学会机械设计分会.全国机械设计教学研讨会议论文集.北京:机械工业出版社,2009:40-44.

(来源:《钦州学院学报》,2012.7)

提高大学生实践能力的探索

韦相贵

（钦州学院，广西钦州，535000）

摘要 实践能力是衡量大学生综合素质的一项重要指标，是大学毕业生能否顺利进入职场的重要影响因素。随着社会的不断发展，社会及企业对大学生提出了更多的要求。大学生实践能力培养问题也日益凸显。本文通过对高校大学生实践能力培养的调查，从大学生自身修养、高校教育及用人单位参与等方面进行了分析。

关键词 大学生；实践能力；人才培养

引言

大学生的实践能力的培养涉及社会、学校和学生自身等各个方面，是一个系统的大工程[1]。实践能力作为大学生综合素质的重要组成部分，受到的关注越来越多，于是各界对关于大学生实践能力现状的调查也逐渐深入。这些调查多和就业有关，而涉及的被调查对象主要有用人单位、大学教师和大学生自身。为了解大学生实践能力培养的现状，笔者对广西几所高校的数百在校大学生进行了问卷调查。从调查情况看，接近50%的大学生认为自己的实践能力一般，只有不到15%的大学生认为自己的实践能力较强。这一调查结果说明很多大学生对自身实践能力的水平感到不满意。显然，目前高校大学生的实践能力还不尽如人意。加快教学改革，进一步提高大学生的实践能力已成为当前高校教学工作中的重要工作。

一、提高大学生对实践能力培养的认识

不管运用何种培养方式，实践能力的形成归根到底还是要通过大学生自身的表现才得以体现。因此，对实践能力的认识，是提高大学生实践能力的关键和核心所在。大学生对实践能力有了充分的认识，才能产生提高自身实践能力的主动性。

从调查结果看，有不少大学生没能完全放下"精英"的架子，自恃过高的心态对其实践能力的提升造成不利影响。无论在求学还是在求职的过程中，心态与现实

基金项目 教改项目钦学院发〔2009〕57号。

作者简介 韦相贵（1967— ），男，汉族，广西桂平人，高级讲师，研究方向：机械制造与设计。

的矛盾很容易导致大学生在学习和工作过程中产生浮躁的心理,影响学习积极性[2]。作为新生代的大学生,要有时代紧迫感,跟上时代和经济发展的需要,大学生必须在思想上打破传统的以知识和学历为主的人才观,树立以"能力为主"[3]的人才观。因为每个人的能力与他所具有的学历是无关的,个人的能力要比学历重要得多。学历再高,如果没有相应的能力,即所谓"高分低能",终究不会被社会认可。当今的社会,各用人单位更是看重受聘者的个人能力。所以,作为当代大学生,更要在学习专业基础理论知识的基础上,尽可能多地参加社会实践,并尽可能地在实践过程中促进理论与实践相结合,真正做到学以致用,真正做到通过社会实践提高自身专业实践能力和综合实践能力,进而提高自身的综合素质。

二、增强用人单位对大学生实践能力培养的责任感

大学生的实践能力培养,涉及较多内容,其中较为重要的一项内容就是社会实践活动。这就需要整个社会的共同参与,为大学生们提供更多的选择机会。然而,目前企业和用人单位显然对参与培养实践能力的大学生责任意识与积极性不高。一直以来,用人单位对大学生各个方面的能力与素质要求越来越高,对大学生"精挑细选"。他们要求大学毕业生要具备一定的实践经历和能力,但却不愿为此付出一点儿代价。这显然不利于大学生实践能力的培养。

用人单位要加大对大学生实践能力的培养工作的支持力度,把配合大学生实践能力的培养工作视为自己的一种义务、一种责任,主动、积极地为大学生的社会实践活动提供便利条件,以主人翁的态度,和教育部门一道,来关心支持大学生的实践能力的培养,把接纳大学生进行社会实践和教学实践,作为培养人才、选用人才、发挥高素质人力资源优势、服务经济社会发展的重要途径。为在校大学生提供更多的实习机会及培训指导,这其实也会对用人单位产生积极的影响,可以通过接受大学生社会实践与高校建立稳定的合作关系,促使产、学、研结合,为用人单位提供人才支持和智力支持。

政府也应出台相关鼓励性的政策支持用人单位积极参与大学生实践能力的培养,促进高校与社会用人单位之间建立起有序的合作培养机制。一方面,政府应提供鼓励高校积极开展大学生实践能力培养工作的政策支持。从高校对大学生实践能力的培养方式来看,无论是开展校内实践教学课程,还是校外专业实习、社会实践、与用人单位的项目合作,都会给高校日常教育教学和管理工作带来新的工作量以及人力、物力、财力的支出。因此,要充分、有效地发挥高校在大学生实践能力培养工作中的重要作用,政府应该在政策导向和经费上予以相应的支持。另一方面,政府应提供鼓励用人单位积极参与大学生实践能力培养工作的政策支持。目前,国外很多发达国家都制定了相关政策来鼓励用人单位参与高校实践能力培养工作,其中最常见的是减税政策,这对提高用人单位对大学生实践能力的培养工作的积极性有很好的作用。

三、加快高校对大学生实践能力培养的改革

高校对大学生实践能力的培养是整个教学过程中的重要环节。但是,目前高校对大学生实践能力培养的方式不尽完善,专业教育教学资源未得到充分利用。为此,为提高大学生的实践能力,高校的教学活动应当更加完善。

调查显示,在被调查的学生中,参加过"学生社团活动""假期社会实践""勤工俭学""社会公益服务活动"的比例分别为 79.5%、79%、61.5%、57.9%;而参加过"专业实习与见习"和"专业实践教学课程"的分别只有 47.7% 和 44.6%。可见,一些高校在大学生实践能力的培养方面关注和重视不够,在大学生实践能力的培养与专业教育教学的有效结合方面也存在不足。高校对大学生实践能力的培养应足够重视,在注重理论知识教学的基础上,更应注重对大学生实践能力的培养。

在关于"专业实习的时间安排"调查显示,在一至四年级进行实习的比例分别为 5.4%、25.3%、21.3%、48%。学校实习时间的安排较短,不能满足学生的实际需求;而且这样的短期实习会令实习单位很无奈,一来学生要花费一段时间熟悉环境,二来实习时间短使得学生没有办法深入到某一项工作中去,那样就只是浅尝辄止,造成学生学不到东西,得不到锻炼。表现为学校对实习的重视程度不够,忽视学生就业准备的需求;实习的时间安排不够合理;实习与专业学习的结合力度不够。因此,高校应当加强对课程与教育体制的改革。在课程的开设上要注重与经济社会的实际需要相结合,增强课程的实效性和适应性,增强实践类课程的比重,切实提高大学生的实践能力。还应制定适应当代大学生发展的培养模式,有的放矢地把培养大学生的实践能力作为教育的明确目标,坚持"以人为本"的教育理念,及时捕捉社会需求信息,适时调整专业及专业方向,调整教学计划,重视实践性教学环境,积极为大学生的实践活动提供和创造条件[4]。

四、结束语

实践教学对于提高大学生的实践能力,培养经济社会发展需要的复合型人才起着举足轻重的作用[5]。一方面,要注重学校实习基地的建设,包括校内实验室和校外实习基地的建设。大学生的实践能力很大一方面是通过校内实验和校外实习来提升的,因此高校应增强和扩大学生参加科研实践的时间和空间,积极为学生的实践活动提供条件;另一方面,高校应加大与企事业单位之间的合作。通过学校与企事业间的合作,可以促进教育资源的优化组合,推动课堂讲学与学生的工作实习相结合,在实践过程中促进学生将专业知识和技能在工作场所中予以应用,这有利于培养大学生的实践能力、创新意识和精神。

参考文献

[1] 冯艾,范冰.大学生社会实践导读[M].北京:社会科学文献出版社,2005:42-52.

　［2］　董盈盈.关于我国大学生实践能力及其培养的研究［D］.上海：华东师范大学,2007.

　［3］　李芳.我国大学生实践能力培养的现状、问题与对策研究［D］.长春：东北师范大学,2009.

　［4］　卫星.当代大学生实践能力的缺失与培养［J］.黑龙江高教研究,2005(11)：143-144.

　［5］　刘群弟.我国大学生实践能力欠缺的成因及对策研究［D］.南昌：南昌大学,2008.

（来源：《现代企业教育》,2012.8）

基于创新能力培养的金工实习教学研究

韦相贵

（钦州学院，广西钦州，535000）

摘要 为更好地培养具有创新能力的应用型人才，本文通过对金工实习课程的教学进行研究分析，提出了在实习教学中进行创新能力培养的思路。

关键词 创新能力；金工实习；教学研究；人才培养

引言

目前，一些高校在金工实习教学中，没有充分利用好金工实习这门实践课的操作特点，在教学内容和教学方法上较为陈旧老化，忽视了在教学过程中对学生创新能力的培养。这显然与当今我们提倡的建设创新型社会、创新型企业是不相吻合的。因此，我们必须加强金工实习的教学研究，以更好地培养出社会需要的创新型人才。

一、教学观念要更新

金工实习教学活动中，那种只注重基本理论的掌握和基本知识的运用的教学方式已经不适应现在科学技术的发展需求了，必须注重学生的基本技能训练和实践动手能力、创新能力的培养，从而提高学生的综合素质，培养学生的创新意识和创新精神。设法通过课堂教学活动让学生在实践中获得体会，在实践过程中学会思索，并能把自己的想法通过自己的双手制作出来。这样不仅让学生有了成就感，更能达到锻炼他们创新思维的目的。

加强学生的综合训练对学生工程素质和工程能力的培养起着关键作用。因此，金工实习教学活动中，必须注意理论与实践的结合，要求学生不仅要加强理论知识的学习，而且要在学习中不断拓展自己的知识面，更要加强操作技能的训练，努力提高自己的动手实践能力。同时，要求学生在实践中勇于创新，敢想敢做，大胆把自己的想法用自己的双手体现出来，使自己在提高自身动手能力的同时，创新能力也得到提高。

作者简介 韦相贵(1967—)，男，汉族，广西桂平人，高级讲师，研究方向：机械制造与设计。

现代机械设计制造技术在不断发展,因此,在教学过程中要求学生不断通过网络、书籍等手段获取最新的制造技术、制造工艺及各种新型材料,为形成自己的创新思维和创新能力提供更多灵感。教学中要设法让学生意识到金工实习过程中创新的重要性,并自觉地在实践中培养自己发现问题和分析问题的能力,进而培养自己创造性地应用所学知识解决问题的能力。

二、教学内容要创新

金工实习的教学内容不仅要注重工程实践,更要注重学生实践能力的培养。金工实习教学内容单一,没有新颖的东西,只有书本上的那几个仅有的条条框框和老师总也说不完的那些基本理论,会让学生感到枯燥、乏味,会大大降低学生的学习兴趣,学生更不可能进行创新思维。要提高金工实习的教学质量,培养学生的创新能力,关键就是要培养学生对所学专业的认识和兴趣,调动学生学习专业知识的积极性,激发学生对金工实习的兴趣。而不断丰富金工实习教学内容,则是一种较为有效的提高学生学习兴趣的途径。因此,合理安排教学内容是实施金工实习的核心任务。

丰富实习内容也是培养学生工程实践能力和创新意识的前提。因为学生的实践操作技能和创新意识,主要是通过实践教学活动而获得的。传统的金工实习要求学生对机械制造获取一定的感性认识,对一些常规的工艺方法具有初步的动手能力。当今世界,科学技术突飞猛进,各行各业都加强了创新,各种新材料、新产品、新工艺及新技术层出不穷。与此同时,正处于增长知识的学生,也有很多新的想法、新的思维,他们对于"新"有极大的兴趣和热情,并努力运用自己的技能进行各种综合性的创新设计制作。因此,只有设法丰富金工实习的教学内容,不断拓宽知识面、增大信息量、引进新技术和新工艺,开阔学生的工程视野,并让学生尽可能多地学习各种技术,才能使学生见多识广,才能使学生的实践能力和创新意识得到进一步的提升。

传统的机械加工,如车、钳、焊、铣、刨、磨等工种,不仅是机械制造生产中最基本的加工方法,同时也是现代技术和特种加工的基础。学生通过对这些生产技术的学习,不仅学到了基本的工艺知识,同时也可了解到新材料、新工艺在机械制造中的应用。因此,想要提高学生的工程实践能力和创新意识,高校还应进一步加大投资的力度,尽量满足学生实习的需要,为提高他们的工程实践能力和创新意识创造条件[1]。

三、教学手段和方法的创新

第一,破除"创新"的神秘感,鼓励学生创新进取。让学生清楚不仅每个人都具备创新的潜力,而且这种潜力是建立在理论与实践相结合的基础之上。学生必须加强自己的创新思维方式和能力的培养,将来才能更好地满足社会的需要。通过创新活动,丰富实习内容,提高学生的实习兴趣,激发学生学习的主动性。教学过程实际也是设疑、激疑、适时释疑的过程[2]。教学过程要以"疑"为中心,教学中要善于设疑,创造问题情景,激发学生的好奇心和求知欲,适时灵活释疑,增强创新意识。

第二,创新金工实习的教学模式,制定出一套有利于人才培养的教学手段和激励机制,努力实现人才全面发展与个性发展的和谐统一。不仅要使优秀的学生脱颖而出,更要使大多普通学生通过金工实习得到全面提升。还要积极创造各种有利于提高学生创新和实践能力的机会,让学生更多参加包括教师的科研活动在内的创新实践活动,使其能尽快地将在课堂中学到的理论知识运用到实践中去,从而提高学生学习的兴趣,有效地培养学生的创造性思维能力和动手能力[3]。这不仅培养了学生的求实作风,也培养了他们创新协作的团队精神。作为实习教学的重要内容,把创新设计和创造制作引入到教学中去,将极大地调动学生实习的积极性、主动性和创造性,将会使实习教学的质量得到极大提高。

第三,积极引入现代教学手段。近几年来,计算机辅助教学金工(CAI)技术发展很快,显示出巨大的生命力和应用潜力,很多院校已将 CAI 技术应用于金工实习教学中。丰富的教学手段,使学生可在较短的时间内掌握较多的实习内容。随着计算机应用的不断发展,计算机越来越多地进入到教学领域,市场上也有较多的金工教学软件,因此把 CAI 技术引入金工实习教学可行性较强[4]。

第四,为便于学生掌握知识和取得较好的学习效果,学生的实习应按着循序渐进、系统的过程进行。每一工种的实习,要分阶段分步骤进行。为了使学生在机床操作和培养动手能力方面取得更好的效果,之前的讲解不要一次灌输完操作步骤,应分步进行,讲解一部分让学生练习一会儿,待学生掌握了这一部分知识以后再进行下面的讲解,学生再练习,就像课堂理论课后要及时做作业一样,否则学生很难消化掌握。各个工种的实习,均应先进行基础内容的学习和训练,待完成后再进行提高和创新的学习和训练。由于实习的内容较多,应有重点地选择工种对学生进行实际操作和训练。对众多的加工工种,限于时间,不应该面面俱到地进行实际操作和训练,其他工种可通过演示或多媒体扩展学生知识面。

四、结束语

金工实习是实践教学的重要环节,不仅对提高大学生的动手能力具有重要意义,而且对提高学生分析问题、解决问题的能力和创新能力也同样有重要的意义。随着科学技术的飞速发展,传统的生产方式已经远远达不到现代技术水平,我们只有高度重视金工实习教学,并把它作为培养学生创新能力的平台,才能使金工实习这门古老的课程焕发新的活力,才能适应时代和社会发展的要求。

参考文献

[1]　叶益民.改进金工实习模式　注重培养穿心能力[J].宿州学院报,2007(1)：168-170.

[2]　肖寿仁,夏翔,谢世坤.基于工程教育教学改革研究与探索：以"机械原理"课程为例[J].新余学院学报,2011(6)：126-128.

[3]　唐庆顺,姚建盛.金工实习教学改革与学生创新能力培养的探讨[J].龙岩学院学报,2007(2)：94-95.

[4]　朱从容.金工实习课程教学改革的思考[J].实验室研究与探索,2005(3)：81-82.

[5]　初福民,何东,等.改革金工实习管理和考核体系的探索[J].实验室研究与探索,2002(5)：145-146.

（来源：《教育教学论坛》,2012.12）

基于"金工实习"的大学生实践技能培养研究

韦相贵

（钦州学院，广西钦州，535000）

摘要　本文通过对金工实习实践性教学的探索，提出金工实习在完善教学内容、改进教学方法、加强教学考核等方面的教学措施，以进一步提高金工实习的质量，提高学生的实际动手能力。

关键词　金工实习；教学实践；技能培养

引言

金工实习是工科类专业课程中重要的实践性教学环节。原国家教委为强调实践性教学环节，将金工实习单独立为一门实践性课程[1]。金工实习是将知识、能力、素质和创新融为一体的综合性训练教学，是对学生进行综合素质训练教育的一个重要渠道，是应用型和技能型人才培养的重要途径。然而，根据相关资料显示，一些高校对大学生的实践技能培养没有引起足够的重视，学生只能进行传统意义上的实习，无法进行现代教育条件的创新设计和综合能力的培养。随着知识经济时代的推进和科学技术的大力普及，社会对应用型人才质量的要求进一步提高[2]。在当今的社会，大学生不仅需要具备扎实的理论知识，更需要具备较强的实践能力。

一、加强理论学习，夯实技能基础

金工实习是一种实践性教学，因其以操作性技能训练为主，理论知识往往是一带而过甚至被忽略[3]。金工实习是大学生在校期间一次重要的实习与实践活动，但大多数学校在进行金工实习安排之前，学生都没有进行专业课的学习，还有大多数人并不了解机械专业，这就需要教师在课堂上做一些必要的讲解和介绍。所以，加强金工理论知识的学习，是培养金工操作技能的重要条件。

传统的教学只要求学生对机械制造获取一定的感性认识，对一些常规的工艺方法具有初步的动手能力。学生也只能获得一些零散的工艺知识和简单的操作技

基金项目　教改项目钦学院发〔2009〕57号。

作者简介　韦相贵(1967—　　)，男，汉族，广西桂平人，高级讲师，研究方向：机械制造与设计。

能,缺乏对工艺过程的整体认识和综合的工程训练,达不到应有的实习效果。因此,根据实习条件合理设置实习内容、加强实习过程控制、保证实习按计划进行成为提高实习教学质量的关键环节。教学内容需结合学生的实际情况,着重培养学生了解和认识现代工业生产方式和工艺过程,使其熟悉和掌握一定的工程基础技能和实践知识,促使学生从知识积累向能力生成转化。不仅要力求教学内容简明易学,让学生能够更好地了解和掌握知识,更要让学生清楚知道所学习每一个工种的目的、要求、操作要领以及注意事项,还要注意教学方法,要充分调动学生实践的积极性,激发他们对实习的兴趣。

同时,还要让学生了解企业和行业,并能把自己在课堂上所学到的理论知识与接触的实际现象相融合,把抽象的理论知识转化为实际操作的动手能力,掌握处理具体问题的方法。对于受到现有设备条件限制和实习实践局限的学校,在实习教学中结合工程实践教育的特点,可以开展模拟正式环境下的仿真训练,或者通过多媒体视频教育工程实训,通过仿真实验和视频播放,让学生开阔视野、拓展知识面。

二、理论联系实际,强化技能训练

金工实习课程教学内容较为丰富,有铸、锻、焊、车、铣、刨、磨、钳等诸多工种。对于在校第一次参加实习,怀着强烈求知欲望并想亲手实践的大学生,在教师的指导下,不仅可以认识各种加工工艺、掌握实践要领,还可以随时发现问题、提出问题,并通过自己的努力解决问题。在此过程中,学生的观察能力、思维能力、自学能力、综合运用能力、动手能力、创造能力以及未来工作中的适应能力等都得到锻炼[4]。同时,通过生产实践使学生懂得理论必须联系实际才能推动社会生产发展的道理,认识到只有理论知识还不能胜任技术工作,明白有知识并不等于有能力的道理。

(一)教学要以学生为中心

实习以"学生为中心"要求改变原有的教学方式,还实践教学以其本来面目。在学生进行实训中,指导教师除了作一些必要的介绍,更重要的是放手让学生大胆地动手操作。一方面,教师在讲解时,尽可能做到简单明了、讲解时间要少,尽量减少对学生动手操作的干预,让学生自主探索学习,才能更好地提高学生的动手操作能力。另一方面,应当明确,金工实习的教学效果,并不是由所预想结果的取得来决定的。也就是说,按照教学引导学生进行操作,也不等于说实践教学是成功的,因为学生的独立动手能力、创新思维能力并没有得到提高。虽然不能期望通过金工实习这一实践教学环节就能使学生有什么发明创造,但学生通过自己独立思考操作任务、整合自己的知识以应用、在操作中调整自己的思维、修正思路这样几个独立的反复,其动手能力、创新意识、创造力及个人潜能在实训中也得到了培养。

（二）教学要体现自主性

古人云："授人一鱼，解一餐之饥；授人以渔，终身复用。"教师与学生是教学过程中两个基本的、能动的要素。重视教学过程中学生的主观能动性、独立性、自主性和创造性，对提高教学质量、培养学生能力和提高素质有着重要的作用[5]。以学生为主体，结合实习产品，增设自主设计性的实习内容，用"引导式""启发式"的方式传授知识，理论联系实际，列举典型实例，让学生去思维、动手和总结，使其学会辩证思维，相互学习，相互启发来共同提高。发挥学生的主观能动性和自学精神，给学生充分的思维时间和想象空间。在金工实习教学中要特别注重创新能力的培养，锻炼学生独立思考问题、分析问题和解决问题的能力，这样学生才能真正学到知识，掌握现代科学技术并不断创新。

（三）教学要设法提高学生的动手能力

当代大部分学生从未离开过学校，极少接触过机械设备与生产实际，对金工实习课程的作用了解很少或不了解；有些学生甚至存在着"重理论，轻实践"的思想，缺乏劳动观点。虽然由于新技术、新工艺的不断涌现使传统的机械行业正受到机电一体化的冲击，但是作为训练学生动手能力和操作技能的一种手段，常规的机床设备操作方法和技能学习仍然是教学内容中的一个重要环节，因为常规机床设备容易上手、可操作性强。另外，还可以运用现代化的教学手段和设备，如采用多媒体教学，让学生了解国内外先进的制造设备、生产工艺和加工方法，以弥补学校投入的不足部分。通过实践我们发现，展示学生的实习作品也不失为一种激发学生实习兴趣的好方法。将每个工种中的优秀作品在展柜中展出，并且在每件作品旁注明学生的姓名、班级，可以极大地激发学生的成就感[6]，使他们对金工实习有很大的热情，从而提高实习效率，大大提高了学生的动手能力。

三、结束语

随着市场经济的发展，用人观念发生了翻天覆地的变化。人才需求的变化迫切需要有较强的适应性和动手能力的大学生，而金工实习是一次理论与实践相结合，培养学生动手能力、综合分析与解决问题的能力、创新能力，提高学生综合素质的综合性教学过程。在金工实习过程中，只有注重学生工程素质和实践能力的培养，使学生成为具有综合实践能力的创造型人才，他们才能更好地适应21世纪社会经济发展的要求。

参考文献

[1] 蒋伟江.金工实习课程改革的思考[J].绍兴文理学院学报,2003(11)：54-55.
[2] 杨树川,余永卫.加强技能训练 提高学生动手能力：加强金工实习的几点做法[J].农机

化研究,2004(2):272-273.

[3]　倪娟.对金工实习的几点思考[J].科教文汇(下旬刊),2009(2):49.

[4]　刘云,杨小爱.谈金工实习的组织与管理[J].教育仪器设备,1997(4):46-47.

[5]　郑炳年.改革实践教学　培养大学生创新能力:以金工实习为例[J].中国成人教育, 2008(18):151-152.

[6]　宋成亮.金工实习教学中面临的主要问题及其对策[J].武汉科技学院学报,2005(6): 87-89.

(来源:《读写算》,2012.10)

基于创客文化的大学生创新能力培养

贾广攀,张小军,韦相贵,蒋庆华,石南辉,黎泉

（钦州学院,广西钦州,535000）

摘要　大学生创客形成了以工程实践创新、产教融合创新、工程应用技术创新为主的多层次创新训练体系。大学生创客有利于培养大学生的创新意识、创新精神、工程实践能力等。所以高校要依托创客实验室构建立体化多层次的大学生创客服务体系,通过开展创客活动来培养大学生的创新和工程实践能力。

关键词　创客文化;工程实践;创新;实践能力;创客实验室

创客的"创"指创造,"客"指从事某种活动的人,"创客"本指勇于创新,努力将自己的创意变为现实的人。创客源于美国麻省理工学院微观装配实验室的实验课题,此课题以创新为理念,以客户为中心,以个人设计、个人制造为核心内容,参与实验课题的学生即"创客"。"创客"特指具有创新理念、自主创业的人。创客的基本内涵是利用开源的硬件平台和软件平台,进行创意和创新,然后利用 3D 打印技术、数字制造技术或传统制造技术,制作出原型样机,并进一步利用互联网(例如众筹平台)将原型样机转化成产品。如今创客的定义已不局限于上述内涵,通过融合各行各业和各学科,已逐渐成为富有创意理念,具有创造力的代名词。创客与教育的结合既为教育改革提供了新的机遇,又提出了巨大的挑战[1]。大学生创客中心是在充分整合、挖掘学校现有资源的基础上,拓展、开发、增强其创新实践功能,以服务于青年学生自主创新、创造和创业为目标而建设的综合实践创新平台[2]。实施创新教育是当代中国高等教育改革的主旋律,是高等教育发挥创新功能,适应知识经济挑战的重要举措。创客作为新生事物是未来创新发展的一个方向,是未来个性化制造模式的推动者。基于互联网的资源分享平台、极客社区、创客社区以及微信、微博等自媒体传播交流平台,对于激发大学生的创新热情、开阔创新眼界、提升创造能力、促进技术交流和资源共享所起的作用越来越大[3]。高校要以创客实验室为依托,吸引具有创新意识和创新精神的大学生,推动创新教育不断向前发展。高校实验室是培养学生创新实践能力的重要场所,而开放式实验教学要求有效利用实验室的资源提升开放率和扩展开放内涵,发挥实验教学的延伸性和长效

基金项目　2017 年钦州学院教学改革项目"基于学科竞赛的应用型高校大学生机械创新设计与工程实践能力的培养"(编号:17QJGA16)。

作者简介　贾广攀(1988—　),男,山东聊城人,技师,助理实验师,研究方向为机械设计及加工制造。

性。高校要充分利用和尽最大努力开放创客实验室,利用创客实验室培养大学生的创新和工程实践能力。

一、培养大学生的创新和工程实践能力

(一)组建开放式创客实验室

教育部在 2015 年 5 月召开党组会议,要求"加强高校众创空间和创客文化建设。充分利用大学科技园、实验教学示范中心、工程实践教育中心等,建设一批大学生创客空间,不断壮大大学生创客队伍。"[4]创客空间的重要价值在于它改变了传统的学习方式,为人们提供动手学习的机会,培养创造性思维和解决问题的能力,给每个人平等使用先进工具的机会来创造新知识,让人们按照自己的兴趣进行科学的探索,按照项目组成协作团队,完成任务,实现创造理念。高校引入创客教育,在创新实验室的基础上建立创客空间,给学生一个可以自由发挥创意的环境,培养学生的工程思维,激发学生的科技创新兴趣,对学生的创新实践能力的提升和高校创新实验室的充分利用具有现实意义[5]。

创客实验室是学生实施创新活动的重要场所。创客实验室与普通的教室是完全不同的。创客实验室不仅有普通的桌椅板凳,而且还有像 3D 打印机、激光切割机、小型的车床铣床和小型的钻床等实验设备。普通的实验室只是具有单一的实验设备,例如,像 3D 打印机实验室只是有 3D 打印机。学生创新作品的制作有时候要用到多个实验室,但是因为现实中实验室的使用受到很多因素的限制,基于此创客实验室就应运而生了。

学生可以利用除了上课时间之外的所有时间在实验室内进行创作。学校和各相关部门可以制定相关的规章制度,尽最大可能向所有感兴趣的同学开放。同时学校可以依托相关的社团协会负责创客实验室的正常运行。学校和创客实验室相关部门可以指定相关的老师定期对学生进行培训。创客实验室的同学可以在老师的指导下熟练使用相关的设备。在时机成熟的条件下,学生可以在老师的带领下研制相关的教学实验设备。这样不仅提高了学生的各项能力,而且也可以通过自制实验设备更好地辅助教师教学。相关的指导教师要通过各种实践活动尽自己最大能力挖掘学生的各方面创新潜能,使学生各方面的创新能力得到充分发挥。

(二)依托创客实验室开展大学生创新创业

2016 年 5 月,中共中央、国务院印发的《国家创新驱动发展战略纲要》提出:"推动创客文化进学校,设立创新创业课程,开展品牌性创客活动,鼓励学生动手、实践、创业"[6]。为紧跟国家创新驱动发展战略,也为促进大学生更好地发展和就业,钦州学院专门成立了创新创业学院。学校可以依托创新创业学院和创客实验室充分释放学生的创新潜能,调动学生的学习热情,强化其动手实践能力,增强其共享交流的团队意识。创新创业学院可以整合校内各种资源,吸收各个学院感兴趣的学生。创新创业学院依托创客实验室培养各个专业的学生,形成一个跨学科、跨领域的创新协同团队,实现跨领域多学科相互交叉融合。学校对创新创业非常重视,不仅成立了创新创业学院,而且在政策上给予支持。学校出台《钦州学院大学生第二课堂创新实践学分管理办法》,规定学生第二课堂创新实践学分可以申请替代选修课程学分,每名本科生申请替代学分最高可达 6 学分。通过出台相关的文件,支持和鼓励学生参与到创新创业活动中去。随着大学生创新创业教学改革的持续推进,学生创新实践意识不断增强,创新实践能力逐年提高,申报"大学生创新创业训练计划项目"的学生人数越来越多,项目研究取得的成果越来越丰富。

创客实验室迄今为止诞生了很多优秀的创新项目,同时为让同学之间互相学习和对优秀项目进行宣传,学校把这些优秀项目制作成展板。为营造良好的文化氛围和激励后续参与到创客实验室的同学,学校将创新创业获得的奖状制作成展窗供同学们展览。如今,创新已不是精英的专利,要让每一个大学生都参与到创新创业中来,发挥每一个同学的聪明才智。创客实验室的同学要在老师的引导下大胆地开展大学生创新创业活动。前期阶段,指导老师要布置相关的实践作业,基于项目驱动培养学生的基础实践能力。等到学生具备一定的创新能力之后,引导学生逐渐地参与到教师相关的科研项目中来,培养学生的科学研究水平。

(三)依托创客实验室参加大学生学科竞赛

学科竞赛是检验学生理论知识的有效方式。学科竞赛要求学生不仅要有创新精神而且还得有较强的工程实践能力。大学生学科竞赛不仅能锻炼大学生的工程实践能力而且还可以增强大学生的团队合作意识。大学生可以通过自己的不懈努力获取荣誉,增强自己的荣誉感。指导老师可以通过学科竞赛的目标命题,采用项目式驱动的方式让学生学习更多的理论和实践知识。大学生参加学科竞赛制作的各项创新作品大部分要在创客实验室中完成。所以,大学生在老师的指导下可以充分地利用创客实验室,积极参加各种学科竞赛,真正体验"做中学"。同学们通过创客实验室制作的作品参加学科竞赛也取得了很不错的成绩。

二、构建立体化多层次的大学生创客服务体系

(一)学校要给予政策和资金上的支持

大学生创客实验室的运转需要一定的资金支持,需要学校成立专项经费支持创客实验室的正常运转。创客实验室是以学生为主体,教师为主导,所以大学生创客实验室不能完全离开教师的支持。教师经验丰富,在创客实验室中要扮演领路人的角色。而且,一些较为贵重、复杂的设备需要教师亲自教授学生。但是教师在创客实验室所做的工作难以量化,导致教师的积极性不是很高。所以,学校要在政

策上鼓励引导老师积极参与到创客实验室中来。学校可以在职称、教学工作量上给予创客实验室的教师政策倾斜。学校要制定相关的文件鼓励更多的教师和学生参与到创客实验室中来,让更多学生的创新思维在创客实验室开花结果。

(二)注重创客实验室的文化与团队内涵建设

学校要大力弘扬创客文化,形成良好的文化氛围。创客实验室里面的成员要通过互联网共享优秀资源,多宣传典型的创客先进人物,分享成功的创客历程。其次要重视团队内涵建设,要形成一支从大一到大四的结构合理的创客团队确保团队可持续发展。前期阶段需要指导老师花费大量的时间和精力指导学生开展创客活动。等到学生上手之后,就可以实行老带新的机制,一批批地传承下去。创客实验室主要是学生管理学生,团队可以制定实验室的一些规章制度。团队成员要形成互相学习、互相交流、共同进步的意识,促使团队不断向前发展。相关指导老师还要不定期地对创客实验室的成员进行监控,树立优秀典型,让更多学生积极向典型学习,形成你追我赶的良好学习氛围。

三、结束语

高素质、强能力创新应用型人才的培养离不开学校和教师的共同努力。在大众创新、万众创业的改革浪潮下,高校和教师要抓住机遇迎难而上,通过各种方式来提高学生的创新和工程实践能力。高校要勇于接受新兴事物,充分利用创新创业学院和创客实验室挖掘学生的创新能力,积极探索新型的人才培养模式。高校要充分开放现有的实验室,借助各方面资源培养出更多的社会需要的具有创新和工程实践能力的复合型人才。

参考文献

[1] 杨现民,李冀红.创客教育的价值潜能及其争议[J].现代远程教育研究,2015,134(2):23-34.

[2] 胡福文,徐宏海,张从鹏,等.大学生创客中心的内涵建设与探索[J].实验室研究与探索,2016(35):217-220.

[3] 胡福文,徐宏海,张超英,等.基于创客文化的实验室开发平台建设研究与探索[J].实验技术与管理,2015(32):244-248.

[4] 焦新.深化高校创新创业教育改革,努力造就大众创业万众创新生力军[N].中国教育报,2015-05-05(1).

[5] 胡星,胡丹,翟颖妮,等.高校创新实验室创客空间的建设模式探究[J].实验室研究与探索,2016,35(7):266-268.

[6] 中共中央国务院.中共中央国务院印发《国家创新驱动发展战略纲要》[N].人民日报,2016-05-20(1).

(来源:《长沙航空职业技术学院学报》,2018.9)

基于学科竞赛的工程实践能力培养教学改革实践

贾广攀，韦相贵，吴泽鸿，黎泉，石南辉，蒋庆华，张科研

（钦州学院，广西钦州，535000）

摘要 培养机械类大学生的机械创新和工程实践能力是高校很重要的任务。目前很多高校在培养学生创新和工程实践能力方面存在不少的问题。针对存在的这些问题，以全国大学生工程训练综合能力竞赛为例，构建完善的大学生机械创新与工程实践能力培养体系，采用项目式教学方法，使理论与实践结合。基于学科竞赛的培养模式培养大学生的创新和工程实践能力，培养大学生的团队协作精神，提高大学生解决问题的能力，提高大学生运用理论知识的水平，使大学生成为动手、动脑、全面发展的应用型高素质人才。

关键词 学科竞赛；工程实践；工程训练；实践能力；创新能力

引言

当前本科生存在的普遍问题是理论知识水平高，而动手实践能力差，毕业生很难达到企业的要求。这一问题也引起了国家的高度重视。国家出台了相关政策要求高校重视学生实践能力的培养。教育部发展规划司 2013 年《关于完善本科学校设置工作的指导性意见》提出：骨干专业或专业群要建立工程（技术）实践中心或实训中心。在这一历史背景下，我校工程训练中心于 2013 年 8 月应运而生，通过实训中心来提高学生的动手实践能力。为了进行学生创新和工程实践能力的培养，我校工程训练中心以学科竞赛为契机，构建了完善的创新意识和创新思维培养体系。

基金项目 钦州学院教改项目"基于学科竞赛的应用型高校大学生机械创新设计与工程实践能力的培养"（项目编号 17QJGA16）；钦州市"互联网＋先进制造"工程技术研究中心主任课题（项目编号 2017QGZ04）；2017 年教育部高等学校机械基础课程教学指导委员会/教育部高等学校工程训练教学指导委员会教育科学研究立项项目（项目编号 JJ-GX-jy201733）；广西高等教育本科教学改革工程项目（项目编号 2016QYZGZ03），广西职业教育教学改革研究项目（项目编号 GXGZGJG2016B158），钦州学院职业教育教学改革研究项目（项目编号 2016QYZGZ03）。

作者简介 贾广攀（1988— ），男，工学学士，技师，助理实验师。研究方向：机械设计及加工制造。

一、以项目驱动的机械创新与工程实践能力培养

在当前快速发展和激烈竞争的经济环境下,创新是企业发展的根本,而大学毕业生是企业的新生力量,企业对学生的工程实践能力和团队合作精神的要求也越来越高。因此,如何培养具备较强的工程实践技能和良好的团队合作精神的学生受到各工科院校的重视[1]。全国大学生工程训练综合能力竞赛(如无碳小车比赛)可以提升学生的机械创新和工程实践能力。

(一)知识准备

无碳小车比赛用到高等数学、材料力学、机械原理、机械设计、公差配合与测量技术、数控编程与操作、机械制图、大学物理等课程,涉及的软件有三维绘图软件、二维绘图软件、matlab、几何画板等。

(二)项目设计与调试

无碳小车看似简单,实为非常精密的机械运动。小车实现重复稳定的运行轨迹,要通过加工、装配和调节等环节来保证。而精度的概念正是学生的短板,需要老师的指导和帮助。设计时总有想不到和遗漏的地方,调试的过程是一个弥补设计缺陷和错误的过程。修改设计是不可缺少的环节。任何一个不违背基本规律的创意都应该被慎重对待。很多看似离奇的想法,到最后都有可能成为胜者,只要学生愿意坚持,老师就应该支持。无碳小车的设计与制作,无论是对老师还是对学生都是一个具有挑战性的项目,但正是这种具有高难度的设计、制造、装配与调试过程,无论是同学还是老师都会从中获取经验和教训,在知识、素质和能力等方面得到全面成长。

(三)综合素质训练

无碳小车是难度系数比较高,全面考查学生综合素质的一个比赛。无碳小车比赛不仅检验学生的理论知识,还检验学生的动手实践能力,对学生各方面的能力都要求很高。通过项目驱动教学学习无碳小车,从最初的设计到最终的调试整个过程,来提高学生机械创新和工程实践能力。但是值得注意的是:即使小车在本校的赛道已经调整好,由于比赛现场的赛道条件不可能与本校的赛道条件完全一样,且多条赛道之间,也会有微小的变化,如赛道发车的起始位置不够平整、有坡度,赛道表面有微小缺陷等,这就要求学生的心理状态稳定,现场的应变能力强,以有限的时间,快速调整好自己的小车,只有这样才能取得比赛的好成绩。对于学生的心理素质和团队协作精神要求比较高。

二、构建完善的学科竞赛体系

（一）聘请知名专家指导

我校特聘清华大学傅水根和裴文中两位教授对无碳小车的设计和制作进行指导，使我们在学科竞赛方面少走了不少弯路，快速提高了自己。工程训练贯穿始终的项目式教学的认知过程是：在实践中观察，在观察中思考，在思考中领悟，在领悟中成长。

（二）实践教学平台搭建

应用型高校的大学生要充分利用好工程训练中心的设备资源。工程训练中心拥有丰富和优质的实践教学资源，学生在工程实践的教学过程中，通过一系列的实践教学安排，除了学习各种工艺知识、掌握各种工艺方法外，还可以培养严谨的科学作风、增强综合素质和培养创新意识[2]。工程训练中心就是要搭建一个可以提升学生创新和工程实践能力的平台，可以拓展学生知识视野的平台[3]。

（三）师资队伍建设

当前我国高等院校普遍存在的问题是教师的理论水平较高，实践动手能力较差。而学科竞赛不仅要求教师有较强的理论水平还要求教师有较高的实践动手能力。根据以往经验，理论水平高、实践能力差的老师指导的学生学科竞赛往往欠缺火候，一般很难取得较好的成绩。而动手能力强的人理论水平往往又不是很高。针对出现的这一问题，我校打破用人机制，引进了一批"本科＋技师"，既有一定理论知识又有一定实践能力的工匠之师。现在我校工程训练中心组建了一支由教授、副教授、高级工程师为核心，以技师、高级技师为主体的合理的教师队伍。师资队伍建设问题是构建学科竞赛体系中的根本问题，工程训练中心致力于建立一支以博士、硕士、学士为核心，以教师、工程师、实验师、技师为骨干，学历、学位、职称、年龄结构比较合理的高素质师资队伍[4]。始终坚持以学生为主体，教师为主导，实验技术人员和实习指导人员为主力，理工和人文社会学科相贯通，知识、素质、能力协调发展，着重培养学生的工程实践能力、综合素质和创新精神的工程实践教学理念。合理的教师队伍是我校学科竞赛取得不错成绩的关键。

（四）多方位支撑

为了鼓励教师和学生参加各类学科竞赛，学校制定了学生参加学科竞赛的管理办法，对获奖的学生和指导老师进行适当的奖励，调动了学生和老师参加学科竞赛的积极性。同时为了促进学科竞赛又快又好发展，工程训练中心专门成立了学科竞赛实验室、学科竞赛协会，给学生提供良好的硬件支持。这些举措，极大地支持学科竞赛向又好又快的方向发展。无碳小车的制作不仅用到传统的加工制造而且还用到数控加工、激光加工、线切割等先进制造。为了充分利用中心的设备资源,中心规定学科竞赛所有的作品制作必须由学生在老师的指导下利用中心设备独立制作完成。除非中心设备满足不了加工,才会采用外协加工。这样做的目的就是提高学生的动手实践能力。学生通过亲自加工制作助推学生设计能力的提升。

三、取得的成效

全国大学生工程训练综合能力竞赛是教育部高等教育司发文举办的全国性大学生科技创新实践竞赛活动,是基于国内各高校综合性工程训练教学平台,为深化实验教学改革,提升大学生工程创新意识、实践能力和团队合作精神,促进创新人才培养而开展的一项公益性科技创新实践活动。我校在 2016 年广西壮族自治区第五届全国大学生工程训练综合能力竞赛上,中心组织 9 支参赛队代表我校参赛,获得了 8 项一等奖和 1 项二等奖的好成绩,一等奖的获奖数排名广西第一。学科竞赛取得的各项不错的成绩,得益于中心领导对学生第二课堂的高度重视,得益于我校清华大学特聘教授傅水根提倡的项目式教学。比赛增强了学生的创新和团队协作意识,提高了学生的工程实践能力。

为了更好地保护学生的知识产权,学生通过参加学科竞赛制作的有创意的作品,要尽快地申请国家专利。学生在老师的指导下申请了无碳小车国家专利[5-6],同时还可以撰写相关的学术论文,让更多的学生从中受益。学生还要尽可能地参与到教师的研究课题中来,通过辅助教师的研究课题,提升科学素养,能力得以全面提升。

四、结束语

学科竞赛有利于培养学生的实践能力、表达能力、创新能力等,构建完善的学科竞赛体系促进学科竞赛规范化、常态化,将使学科竞赛向着又快又好的方向发展。提高学生对学科竞赛的认识,参与学科竞赛的目的不是纯粹为了比赛,更重要的目的是提升自己的创新能力、工程实践能力和团队协作能力。学校应该在经费上给予最大程度的支持,鼓励更多的学生参与到学科竞赛中来,使更多的学生综合能力得到更好的提升。

参考文献

[1] 张乃龙,赵京.构建综合工程实践能力培养体系的探讨[J].人才培养改革,2014(8):23-24.

[2] 傅水根,韦相贵,梁家海,等.工程实践能力助推工程技术创新研究[J].钦州学院学报,2015(11):29-35.

［3］ 韦相贵,傅水根,张科研,等.工程训练中心建设与管理问题探讨［J］.实验技术与管理, 2016(2)：130-132.

［4］ 朱瑞富,孙康宁,贺业建,等.综合性大学工程训练中心发展模式设计与实践［J］.实验室研究与探索,2011,30(4)：85-87.

［5］ 贾广攀,张科研,韦相贵,等.一种走 S 形轨迹的无碳小车：201720434890.6［P］.2017-12-22.

［6］ 贾广攀,张科研,张小军,等.走 S 字形轨迹的无碳小车：201720434891.6［P］.2017-12-22.

(来源：《国网技术学院学报》,2018.5)

四、校企合作与服务地方发展

工程训练中心在北部湾大学建设中的作用探究

韦相贵，张科研，刘浩宇，王帅帅，谷良田

（钦州学院，广西钦州，535000）

摘要 通过对北部湾大学办学定位及工程训练中心功能定位的分析，结合钦州学院正在向应用型大学转型发展和筹建北部湾大学的实际，探索建设工程训练中心对筹建北部湾大学的必要性，从建设理念、师资队伍建设、校内资源整合、实训条件、实践教学平台搭建等方面提出工程训练中心建设的思路，为地方院校建设工程训练中心提供参考。

关键词 工程训练；工程训练中心；应用型人才；人才培养；北部湾大学

2013 年钦州学院成为全国首批"应用技术大学（学院）联盟"理事单位及首批广西应用技术大学试点高校，筹建基于应用型本科院校的北部湾大学被写进广西壮族自治区《政府工作报告》。2014 年教育部副部长鲁昕、自治区政府主席陈武、副主席李康及区党委宣传部部长沈北海等领导纷纷到学校视察，指导北部湾大学筹建工作。2015 年自治区政府主席陈武、副主席李康再次到新校区视察指导建设工作。2015 年学校即将整体搬迁到滨海新校区。钦州学院——未来的北部湾大学迎来了一个千载难逢的发展机会。我们必须进一步解放思想，加快工程训练中心的建设步伐，促进学校向应用型大学转型发展，为筹建北部湾大学夯实基础。

一、北部湾大学办学定位

自治区政府主席陈武在 2014 年 11 月视察我校时提出要加快北部湾大学的建设步伐，培养出更多服务北部湾经济区产业发展的高层次应用型人才。陈主席的要求明确了两层意思：一是服务地方建设，北部湾大学必须以服务北部湾经济区

基金项目 教育部机械基础课程教学指导委员会/工程训练教学指导委员会教育科学研究项目(JJ-GX-jy201436)；广西区教改项目（2015JGA363）；钦州学院教改项目（2014XJJG-C16、2015QYJGZ02、2015QYJGB20）。

作者简介 韦相贵(1967—)，男，广西桂平人，副教授，钦州学院工程训练中心副主任，主要从事工程训练和教育教学管理等方面的研究。

产业发展为宗旨;二是应用型人才培养,也就是我们培养出来的学生应该是技术技能型的,而不是纸上谈兵式的。作为首批广西应用技术大学试点高校,我校已确定服务定位为:立足北部湾、服务广西、面向全国、辐射东南亚。确定发展目标定位为:以社会需求为导向,以服务区域经济社会发展为宗旨,把学校建成适应区域社会经济发展,特别是广西北部湾经济区发展需要的、特色鲜明的多学科性、区域性应用型大学。

发达国家大多只有 20% 的大学是研究型大学,其余 80% 都是应用型大学[1]。这正是发达国家面向社会培养社会所需人才的大学办学定位,也是和我国盲目追求研究型大学的最大不同。因此,我校在办学过程中,必须坚持贯彻执行学校的目标定位,以应用型人才培养为抓手,推进实践教学模式改革,更好地为北部湾经济社会发展服务。

二、工程训练中心功能定位

工程训练中心在我国高校已有 10 多年的发展历程。各高校在多年的经验积累中,已总结出工程训练中心的特有功能:教学、研究、生产、培训[2]。各校根据具体实际,工程训练中心的功能定位有教学型,教学、生产型,教学、科研型,教学、科研、生产型等[3]。不管哪种类型,都突出了教学的核心功能,突出了实践能力的培养。也就是说,工程训练中心的工程训练目的,就是让学生了解工程技术的基础知识和先进制造技术;掌握一定的工程实践知识和技能;具备一定的职业素质和职业能力;具有一定的创新意识和创新能力;具备较好的工程意识、经济意识、安全意识、管理意识、团队意识等工程综合素质[4]。

因此,作为向应用型大学转型发展的钦州学院,应根据转型发展的要求,紧密结合学校实际,以建立工程训练中心为契机,借鉴国内各高校的成功经验,完善技术技能型人才培养体系,面向全校学生开展工程训练教育,通过多层次、模块化、菜单式、开放型的服务,注重培养学生的实践能力、创新能力、职业素质和职业能力。同时,将工程训练中心建成为全校师生参与学校、省市、国家三级赛事的综合性多功能实践教育平台[5],以及学校与地方开展科技合作或技术开发项目的公共平台,实现工程训练中心优质资源的全面共享。

三、建设工程训练中心对筹建北部湾大学的必要性

教育部 2013 年《关于地方本科高校转型发展的指导意见》提出,要完善学生校内实验实训制度,实训实习的课时占专业总课时的比例达到 30% 以上,学生参加实训实习的时间累计达到一年。教育部发展规划司 2013 年《关于完善本科学校设置工作的指导性意见》进一步提出,骨干专业或专业群要建立工程(技术)实践中心或实训中心,学校应用型工程训练中心的总建筑面积不少于图书馆面积的 2 倍。这两个文件充分说明了教育部对高校工程训练中心建设工作的肯定和高度重视。

然而,我校在建设工程训练中心的过程中却出现了一些对工程训练认识上的误区。比如"工程训练不就是金工实习吗?""工程训练只是为机械专业服务而已,又不关我文(理)科的事""那是工程训练中心的事,与二级学院无关"……这些不同的看法无疑给工程训练中心的建设带来一定的阻力。

第一,工程训练不再是简单的金工实习。虽然工程训练中心基本上都是从高校金工实习的基础上建立起来的,但不管是从其内容的先进性、综合性,还是训练的对象和层次,如今的工程训练都有质的飞跃。经过10多年的发展,目前,高校的工程训练中心已成为一个集工程基础训练、先进制造技术和创新训练为一体的综合素质训练部门。工程训练已成为工程实践教育的具体表现形式[6]。目前广西正利用区位优势全力打造大工业、大港口、大交通、大物流的北部湾经济区,将需要一大批具有大工程意识、掌握基本职业技能、了解先进技术的应用型人才。工程训练中心将提供给不同专业、不同层次的学生进行工程训练,有利于提升学生们的工程综合素质及职业能力,有利于实现应用型大学对技术技能型人才培养的要求。

第二,工程训练服务的对象已不仅仅是服务机械专业,也不仅仅是工科专业,而已经逐步扩展到近机类、理科类、管理类和文科类的大部分专业。2011—2012学年平均每个国家级工程训练示范中心年均服务本校学生人数为7203人,受益学生专业数平均达到46.94个,呈现快速增长的态势[7]。"大工程"教育理念正逐步深入人心,北京航空航天大学已将"基础工程训练""大学语文""高等数学""大学物理""大学英语"一起共同列为校级公共基础核心课程[8]。合肥工业大学已将工程训练定为全校本科生的必修课。许多国内知名高校,如清华大学、山东大学、中南大学等都已将工程训练作为学校的必修或选修课。非机械类专业学生,特别是文科类学生进行工程训练,可以了解工程技术及工程管理等相关工程方面的知识,有利于弥补他们在工程实践知识方面的缺失,有利于拓宽他们的知识面,也有利于他们更好地拓宽就业渠道,有利于彰显北部湾大学"国际性、海洋性、地方性"的办学特色。

第三,工程训练中心大多已从高校的机械学院脱离,构成一个独立的实践教学单位。虽然大多数工程训练中心已不再属于二级学院,但却与各二级学院有着唇齿相依的密切联系。工程训练中心既需要各二级学院的支持,又都在切实为二级学院做好基础服务。大家都明白"万丈高楼平地起"的道理,夯实基础不仅仅是专业基础,在"大工程"、学科交叉、文理工相融的大背景下,仅靠二级学院难以独自完成基础教学、特别是基础实践教学任务,需紧密依托工程训练中心这一具有丰厚优质资源的实践教学平台。"巧妇难为无米之炊",工程训练中心也需各二级学院将学院内具有公共性的基础实践整合共享。在某种意义上,各学院的资源属于学院的"私有财产",其他院系不能随便使用;而工程训练中心属于学校的公有财产,只要对培养学生有利,谁都可以使用。资源整合到工程训练中心后,将大大提高各种资源的利用率,充分发挥校内各种优质资源的作用,有利于二级学院集中精力做好专业建设和学科发展,有利于二级学院集中力量针对北部湾经济区开展诸如北部湾海洋与海岸带信息研究、北部湾海洋开发与利用、北部湾海洋生态保护及资源开发利用、北部湾海洋经济与北部湾文化研究、北部湾石油天然气资源有效利用、钦州坭兴陶艺传承与开发、广西临海机械装备设计制造及控制等各种相关科学研究,将有利于解决北部湾地区科研力量不足的问题。

第四,国内高校工程训练中心经过多年的建设,现在不仅已经成为各高校培养技术技能人才的基地,也已经成为各校师生进行理工与人文社会学科交叉与融合的基地[9]。通过工程训练中心实践教学平台打通学校不同部门之间的管理瓶颈,整合学校各院系的科研资源和教师资源,使那些原属于各院系的工程领域常识性知识和技能资源更好地发挥作用,从而使得工程素质基础教育成为可能,实现理工与人文社会学科相融相通的理念,拓展学生的知识视野,使学生对今后所从事的工作有更好的拓展能力和适应能力,实现师资、设备等各种资源全校共享,为全校提供服务。丰富的教学资源,配以"自助餐式"的模块化教学模式,给学生提供更丰富、更自由的选择,将有利于变众口难调为众口易调,满足各学科专业学生不同"胃口"、不同爱好兴趣的需要,满足北部湾经济区对复合型人才培养的要求。

四、建设工程训练中心的思路

"教育回归工程,教学回归实践"已成为当代高等工程教育改革的主流趋势。工程训练中心是一个较大规模的教学组织,对培养学生的动手实践能力和科技创新能力,拥有独特的硬件和软件资源优势[10]。我们有必要依托工程训练中心这个实践教学平台,努力培养更多符合应用技术大学要求的技能人才,为筹建北部湾大学打下扎实基础。

第一,必须引起全校各部门、各院系及全校师生的足够重视,充分认识到建设工程训练中心对筹建北部湾大学的重要作用,并给予全面支持和积极配合。鉴于工程训练中心在应用型大学人才培养中的基础性、通识性、实践性、综合性、系统性和跨学科性,学校应将工程训练中心建设列为各项工作之首,组织精干力量制定好长、中、短期建设方案,并在人力、财力、机构设置和资源整合等各方面给予配合。

第二,工程训练中心应树立以学生为本,以培养应用技能型和创新型人才为目标,以培养学生操作技能和全面综合素质为核心的实验教学理念,注重理论教学与实践教学相结合、基本技能训练与创新意识和创新能力培养相结合、科研与教学相结合,尽快构建旨在强化学生实践技能和培养创新精神的"技能训练—创新设计"实践教学平台,并逐步形成较为完善的"平台+模块+课程"的实践教学体系。

第三,师资队伍是工程训练中心建设的关键。学校人事部门需针对工程训练中师资队伍的知识、能力和素质结构与学科师资队伍不同的特点,积极创造各种条件,为吸引符合工程训练需要的优秀人才出台优惠政策,特别是为学历不高、但技能突出的实践指导教师开辟绿色通道,为工程训练中心建立一支学历、学位、职称、年龄等结构比较合理的,以"三士"(博士、硕士、学士)为核心、以"四师"(理论教师、工程师、实验师、技师)为骨干的高素质"双师结构"师资队伍提供政策上的支持。

第四,整合校内资源,使其实现最大共享。教务处应协同各二级学院,在整合资源方面给予大力支持:一是将二级学院的基础实践教学内容整合到工程训练中心;二是将相关教师开展科研用的实验室、设备进行适当整合,以实现资源的最大利用;三是充分依托工程训练中心教学平台建设"跨学科、跨专业"课程,加强对学生的工程素质和人文素质培养;四是各二级学院在人才培养方案中,应将工程训练作为各学科专业培养计划的重要组成部分。借鉴各有关高校的经验,将"工程训练""大学英语""大学语文""大学物理""高等数学"等课程一起列为大学生必修的课程,逐步将各学科专业的学生安排到工程训练中心进行相应的工程训练,进而拓宽学生的工程意识和知识面,以适应社会发展对人才的培养需求。工程训练的内涵丰富了、规模扩大了,教务处还应协同各二级学院,相应增加工程实训时间,以确保实训的效果及资源的充分合理利用。

第五,实训条件是确保工程训练质量的重要保证,学校要加大工程实训条件的投入。一是为不断丰富工程训练中心的内涵建设创造良好的实训条件;二是在确保常规基础训练满足人机比的同时,应该拥有一定数量的先进制造设备;三是实训面积要有保障,要与学校的发展规模及工程训练中心的实际需要相匹配,我校实训大楼一期工程 1.8 万 m^2 的面积已基本满足近期的工程训练需要,为更好地开展创新训练、创新大赛和职业技能培训工作,应尽快启动二期工程;四是要建立一套较为完善的安全保障体系[11],以确保工程实训教学的正常有序开展。

五、结束语

工程训练是在大工程、大制造背景下提出的全新教育理念,工程训练中心是高校对学生实施工程训练的重要平台[12]。我们要着力将工程训练中心打造成面向全校学生全面贯彻落实素质教育的基地,打造成培养基础宽、能力强、素质高的复合型人才的基地。工程训练中心的建设要立足本校、面向北部湾、辐射东南亚,争取建成在北部湾经济区乃至广西拥有一定影响力的工程训练中心,促进我校向应用技术大学转型发展,为筹建北部湾大学夯实基础。

参考文献

[1]　杨曾宪.当前中国大学的双重价值危机[J].探索与争鸣,2004(3):11-14.

[2]　朱瑞富,孙康宁,贺业建,等.综合性大学工程训练中心发展模式设计与实践[J].实验室研究与探索,2011(4):85-87.

[3]　吴庆宪.高等工程教育发展与高校工程训练中心功能定位[J].南京航空航天大学学报(社会科学版),2006(3):68-71.

[4]　傅水根.要注重对学生进行工程素质的培养[M]//探索工程实践教育(第2辑).北京:清

华大学出版社,2013:285-288.

[5] 傅水根.将工程训练中心建成综合性多功能实践教育平台[M]//探索工程实践教育(第2辑).北京:清华大学出版社,2013:198-203.

[6] 孙康宁,傅水根,梁延德,等.浅论工程实践教育中的问题、对策及通识教育属性[J].中国大学教学,2011(9):17-20.

[7] 梁延德,王松婵,吴卓平,等.高等工程实践教育研究热点及变迁分析[J].中国大学教学,2014(9):86-91.

[8] 马鹏举,王亮,胡殿明.工程实践教学的现状分析与对策研究[J].高等工程教育研究,2011(1):146-147.

[9] 傅水根,刘胜青,刘舜尧.积极倡导人文社会学科学生参加工程实践教学[M]//探索工程实践教育(第2辑).北京:清华大学出版社,2013:44-48.

[10] 梁延德.我国高校工程训练中心的建设与发展[J].实验技术与管理,2013(6):6-8.

[11] 傅水根,武静,裴文中,等.创建工程训练安全保障体系[M]//探索工程实践教育(第2辑).北京:清华大学出版社,2013:101-103.

[12] 赵新泽.地方高校工程训练中心的建设与探索:以三峡大学工程训练中心为例[J].黑龙江教育,2014(5):93-94.

(来源:《钦州学院学报》,2016.1)

钦州市职业教育发展之我见

韦相贵

（钦州学院，广西钦州，535000）

摘要 为加快钦州市职业教育发展步伐，本文就整合钦州市现有教育资源、调整专业设置及对现有职业教育资源共享等方面提出了见解，旨在最大限度发挥钦州市现有职业教育资源优势，更好地满足钦州市乃至整个北部湾经济区的发展需求。

关键词 钦州市；职业教育；发展；见解

推进北部湾经济区开放、开发，成也在人，败也在人，北部湾经济区核心竞争力的提升要靠人才；北部湾经济区的崛起和腾飞要靠人才。作为 2008 年第一批自治区层面统筹推进项目以及自治区 50 大庆献礼项目之一，钦州市职业教育中心工程项目破土动工了。我们应以此为契机，放眼未来，解放思想，调整策略，加快钦州市的职业教育发展步伐，努力打造北部湾职业教育航标。

一、整合资源，打造北部湾职业教育航母

国家批准实施《广西北部湾经济发展规划》后，北部湾经济区正大力发展能源、石化、造纸、钢铁等产业。据预测，到 2010 年，仅北部湾经济区的人才需求就达 115 万人；至 2015 年，人才需求将达 168 万人左右，尤其需要各种技术人才和技能人才[1]。

目前，广西沿海 3 市有 30 多所职业学校，而钦州市的各类职业学校就占了 80%，其中独立设置的高等职业学院 1 所，中职学校 20 多所。职业学校数量已不算少，但几乎都不上规模，学生多的学校有 4000 人，少的只有几百人，而且由于各校分属不同部门或企业主管，对学校缺乏规范、统一、有效的管理，不利于职业教育的发展。目前，北部湾经济区的人才队伍现状和人才资源开发工作难以适应北部湾经济区加快开放开发的需要，难以适应推动泛北部湾区域合作的需要，难以支撑起区域经济社会的跨越式发展。发展沿海工业需要的技能人才严重匮乏，将成为制约北部湾经济区经济社会发展的"瓶颈"。

基金项目 教改项目钦学院发〔2009〕57 号。

作者简介 韦相贵（1967— ），男，汉族，广西桂平人，高级讲师，研究方向：机械制造与设计。

按照《广西北部湾经济区 2008—2015 年人才发展规划》提出的:"加强技能型人才培训,大力发展职业教育,采取合作办学、联合办学等多种方式扩大职业教育规模,通过调整、合并、重组、适当扩建,建设一批适应重点产业发展需要的职业教育培养基地;加强校际合作和校企合作,鼓励重点职业技术院校与科研院所、大型企业联合培养各类专业人才"的精神,钦州市应抓住建设市职教中心的历史契机,积极协调各有关部门,对全市职业教育培训资源进行整合,扩大职业教育办学规模,做大做强钦州的职业教育。

钦州市职业教育的全面整合应依托北部湾经济区重点产业、重点项目,紧贴北部湾经济区经济建设和社会发展以及产业结构调整对人才需求的实际,进一步优化职业教育结构,建立职业教育集团,即按照"龙头带动、校企合作、优势互补"原则,以市机电工程学校、市工业中专等为龙头,组建能源及化工职业教育集团,服务化工和电力产业发展的需要;将市技工学校搬迁回市区,并以市技工学校、机械工业学校、市交通技校等为龙头,组建冶金、林浆纸、机械制造及交通职业教育集团,服务冶金、林浆纸、交通和机械产业发展的需要;将合浦师范学校搬迁回市区,并以合浦师范学校、市艺术学校、市民族干校等为龙头,组建艺术、文化、旅游职业教育集团,服务文化、旅游业发展需要;以市商贸学校等为龙头,组建商贸、物流职业教育集团,服务商贸、物流产业发展的需要;以市财经中专学校等为龙头,组建财政、金融、房地产职业教育集团,服务相关产业的发展;以市农经中专、市农业学校等为龙头,组建现代农业、海洋、粮油食品加工职业教育集团,服务海洋、粮油食品加工、现代农业和社会主义新农村建设;以市卫生学校等为龙头,组建医药卫生职业教育集团,服务医药科研、医药产业、中药农业和医疗卫生事业。

在对全市职业教育培训资源进行整合的同时,要积极导入质量管理体系,提升培训质量和服务水平;建立教育培训多元化投入机制,政府要不断加大资金投入,单位、个人、社会按比例投入资金,加快培养经济发展急需的高层次管理人才和技术人才;积极扶持北部湾经济区产业工人本地化的培训工作,为各行各业培养高技能应用型一线人才[1]。

整合资源,打造北部湾职业教育航母,尽快培养一大批高层次、创新型、复合型的技能人才队伍,既是加快北部湾经济区开放、开发的重要内容,也是加快北部湾经济区开发建设、推动泛北部湾区域合作的重要保障。

二、调整专业设置,满足北部湾经济发展需求

虽然目前钦州市各类职业学校也不少,也开设有机电、会计、数控、计算机、制冷、通信、模具、文秘等不少专业,但不少学校的专业设置没有结合学校自身及北部湾经济区的发展规划,而且许多学校所开设的专业大都相同,没有突出各所学校的特色,不仅在一定程度上制约着钦州市职业教育的发展,也将制约钦州乃至北部湾经济区经济的快速发展。

按照《广西北部湾经济发展规划》中提出的北部湾经济区的产业大调整,北部湾经济区的临海工业正飞速发展,钦州市内广西最大的工业项目、年产1000万t的中石油大型炼油项目、亚洲最大的林浆纸一体化工程项目,装机容量320万kW的大型燃煤电厂;北海市的大型林浆纸一体化项目、信息产业基地项目;防城港市的1000万t钢铁项目、600万kW核电站项目等一大批大型工业项目正在兴建。这些项目投产后,将需要一大批实用型技能人才。

根据国家"以服务为宗旨、以就业为导向、以技能为核心"的职业教育方针,以及《广西北部湾经济区2008—2015年人才发展规划》中提出的人才需求。我们应把大力发展职业教育作为教育工作的一个战略重点,以服务为宗旨,以就业为导向,不断增强为经济社会服务的意识和能力,结合北部湾的具体实际因地制宜地大力发展职业教育。

钦州市的职业教育应以北部湾经济区的功能定位及产业发展规划为依据,围绕市委、市政府提出"以港兴工、三化互动"的战略和"千百亿产业崛起工程"等创新项目,切实增强改革与发展职业教育的紧迫感和责任感,积极做好职业教育攻坚的各项相关工作。按创建职业教育强市的既定目标,按照贯彻落实科学发展观的要求,抓住工业化、信息化、城镇化、市场化、国际化全面发展的难得历史机遇,充分发挥北部湾的区位优势,结合石化、能源、钢铁、林浆纸、铝加工、机械制造等重化工业,结合电子信息、生物制药、海洋开发等高技术产业,结合商贸、物流、交通、城建规划、旅游、会展、外语、涉外法律、金融等现代服务业,结合学校自身实际进行专业调整,加快完善专业设置布局,着力打造特色,努力培养适销对路的人才,为促进钦州乃至整个北部湾经济社会发展发挥积极的作用。

我们在发展职业教育的同时,不但要走新型工业化道路,还要警惕农技人才空心化。我们的职业教育还应服务"三农",要不断提高服务社会的能力。近日,国家为进一步扩大内需、促进经济增长而出台的十大措施中,就有四大措施提到"农"字。我们更应该紧跟形势,防止职业教育发展对农业技术人才培养带来的冲击。

从目前广西沿海的职业学校看,农业学校只有一所——钦州市农业学校。而在广西沿海这所唯一的国家级重点农业学校,让人感觉到更多的"工业"的气息,很少感觉到"农"的味道,特别与北部湾紧密相关的"农"专业。因此,政府部门应高度重视这一问题,因地制宜,一切从实际出发,一切从北部湾的发展出发,北部湾需要什么样的人才,我们的职业教育就应培养什么样的人才。不仅应该开设相应的农业经济管理、农机维修等专业,把农业、科技、教育结合起来,还应与北部湾的建设和发展结合起来,开设与海洋渔业养殖及海产品加工、种植业、畜牧业相关的专业,培养一大批与北部湾经济发展相适应的科技人才,更好地服务"三农",服务北部湾。否则,农技人员将青黄不接、农业人才培养将呈现后继乏人的局面,新农村建设将面临人才匮乏的尴尬境地,北部湾也将很难做到和谐、持续发展。

三、共享资源，加快钦州职业教育发展

目前，飞速发展的北部湾经济与小打小闹、各自为政的钦州市职业教育形成了鲜明的对比，由于在办学规模、机构体制改革、教学模式转换、后续能力建设、教师队伍培养，特别是人才培养以及输送数量和质量等多方面尚存在许多问题，钦州的职业教育资源严重存在着与强势发展着的钦州经济社会不够和谐的问题。如何避免重复建设及解决优化职教资源配置难题？开放、合作、共享，才能共赢，这是职业教育健康快速发展的关键所在。以建设职业中心为契机，建设钦州市职业教育资源共享平台，积极推进优质教育资源共享，应该是一个比较好的战略选择。

所谓共享优质教育资源，是指把各职业学校间的教学设备、设施等硬件资源，教师资源、课程资源、信息资源和管理资源等方面资源集合起来，以营运集团化为基本模式，以课程精品化为基本支点，以实训网络化为基本途径，以教师兼职化为基本动力，在不改变各职业学校隶属关系、专业类别、基本职能、服务对象的前提下，进行资源重组，并实现共享，形成"统筹规划、政策协调、资源共享、合作共赢"的合作新机制。

弱化学科色彩，突出技能培养，既是职业教育的基本定位，也是职业教育的鲜明特色。因此，学生的实验实训在职业教育中占有非常重要的位置。现在遇到的最大困难是实验实训基地建设不力的问题。主要表现在一些企业往往考虑短期效益，不愿意承担学生的实验实训任务，而大部分职业学校却又没有足够的资金能力自建实验实训场所，形成了仍然是把学生过多留在学校里学理论为主，实验实训放任敷衍进行，达不到岗位技能要求，就业后需要对技能从头学起的尴尬。解决这一问题，唯一的出路是协调各职业学校，资源共享。另外，政府部门应积极发动行业或企业参加，校企联动，共同建设学生实训基地，努力在校企、各职校间实现教学设备、设施等硬件资源共享[2]。

要突出职业教育的技能培训特点，师资队伍是关键。但目前不少学校缺少"双师型"教师（即懂理论、能操作的复合型教师）的问题始终没有得到很好地解决，严重影响着职业教育的健康发展。一些"双师型"教师的专业方向也与学校专业设置的要求相距甚远，致使技能培养实质上处于一种"虚化"状态。建立师资共享机制，实现教师资源共享，既可解决目前的困难，又可通过相互交流实现相互促进，造就更多的"双师型"骨干力量。

互联网给我们提供了一个非常伟大的精神，这个精神就是合作共赢。各校要加强合作，积极建设职业教育信息平台，在招生就业、学生学籍、专业设置、教学管理、精品课程、数字图书馆等多个领域实现信息化管理；要充分发挥网络的价值，努力实现课程资源、信息资源和管理资源共享。

优质资源建设与共享在职业教育中有十分重要的意义，它不仅仅是改革人才培养模式的需要，也是最大限度发挥职业教育资源优势的需要。在建设职业教育

资源共享平台中,政府和各职业学校要站在历史的制高点,加强社会舆论宣传、营造良好的政策环境、加大政府支持力度、更新职业教育办学观念,办出成功挖掘职业教育优质资源和有效使用职业教育优质资源、服务北部湾经济发展的职业教育特色来。

四、结束语

职业教育中心的建设给钦州市的职业教育带来了千载难逢的历史契机,钦州市要进一步整合优化职业教育资源、深化改革、创新机制,争创职业教育全国一流水平,努力把钦州市建设成为现代化的示范性职业教育基地,成为引领我区职业教育改革发展的一面旗帜,为北部湾经济区开放开发培养大批高素质专业技术人才,满足北部湾经济区建设和发展的需要。

参考文献

[1]　广西区政府.广西北部湾经济区 2008—2015 年人才发展规划[EB/OL].(2008-02-28).
https://doc.wendoc.com/bae7b6427b32725802822396e.html.

[2]　龚晋文.建设高职教育资源共享平台,促进山西经济社会和谐发展[DB/OL].(2008-11-17).https://www.docin.com/p-1999992324.html.

(来源:《职业教育研究》,2009.9(获钦州市首届社科论文奖三等奖))

加强职业教育的协调与监管，为北部湾经济区的快速发展提供人才保障

韦相贵

（钦州学院，广西钦州，535000）

摘要 随着北部湾经济区的快速发展，技能人才的培养迫在眉睫。广西正在全区范围内开展一场职业教育攻坚战。在不断加大对中等职业教育的投入同时，我们还应加强协调与监管，解决发展中出现的四大问题：一、发展与整治的问题；二、发展过程中出现的腐败及地方保护主义问题；三、发展职业教育与教育资源浪费的问题；四、关系不顺与体制不畅的问题。从而，为北部湾经济区的快速发展提供人才保障。

关键词 北部湾经济区；协调与监管；职业教育；人才保障

随着《广西北部湾经济区发展规划》获国务院批准实施以及钦州保税港区的获准建设，世界各大企业纷纷抢占先机，大项目纷纷落户北部湾经济区，北部湾经济区迎来了千载难逢的发展良机，人才需求旺盛。据预测，到 2010 年，仅北部湾经济区的人才需求就达 115 万人；至 2015 年，人才需求将达 168 万人左右，尤其需要各种技术人才和技能人才。但是，目前北部湾经济区的人才队伍现状和人才资源开发工作无法适应北部湾经济区加快开放开发的需要，无法适应推动泛北部湾区域合作的需要，无法支撑起区域经济社会的跨越式发展。发展沿海工业需要的技能人才严重匮乏，将成为制约北部湾经济区经济社会发展的"瓶颈"。尽快培养和吸引一大批高层次、创新型、复合型的技能人才队伍，打造人才聚集优势和创新创业优势，既是加快北部湾经济区开放、开发的重要内容，也是加快北部湾经济区开发建设、推动泛北部湾区域合作的重要保障[1]。

加快职业教育发展成了当务之急，自治区已决定从 2008 年起，将投入 60 亿元，用 3 年时间集中力量打一场职业教育攻坚战，并在全国率先开展免费中等职业教育试点。2008 年度从本级财政投入 1.5 亿元中等职业攻坚经费，主要用于加强职业院校基本建设。各市人民政府也认真贯彻落实自治区政府的有关决定，纷纷出台各项政策与措施，加强对职业教育的扶持力度。

基金项目 教改项目钦学院发〔2009〕57 号。

作者简介 韦相贵（1967— ），男，汉族，广西桂平人，高级讲师，研究方向：机械制造与设计。

为使职业教育步入健康、快速发展轨道,我们在不断加大对职业教育投入和不断扩大职业教育办学规模的同时,还应加强职业教育的协调与监管,破解职业教育发展中存在的 4 大问题。

一、发展与整治的问题

目前,在人力资源供给环节,技工特别是高级技工短缺现象十分普遍,这种状况与我国社会经济发展趋势很不协调。然而,当前的职业教育学校良莠不齐,既有"千里之驹",也有"害群之马",好的学校在趁热打铁,差的学校在"趁火打劫"。一些学校根本没有设备,师资力量也差,学生学不到真本事。一些学校为了招到学生,却使尽了"招数":有的花巨资在电视台做虚假广告;有的挖空心思到竞争对手学校去"偷"学生;有的在火车站或汽车站"哄"学生。一些有一定办学规模和办学经验的学校也在这种环境下,陷入了招生艰难的困境。

前一段时间,桂林市对中等职业教育进行整治,有 17 所中等职业学校包括发生"实习生陪酒事件"的桂林市舞蹈职业学校,由于办学行为不规范等原因被取消招生资格,约占全市所有中等职业学校总数的 1/4。这一数据向我们发出警示:职业教育不规范的问题比较严重,如果再不抓紧时间正本清源,任凭这种情况继续下去,中职学校将成为最大的"中介机构";中职教育如果无法取信于民,就找不到持续发展的动力,就很有可能对中职教育和整个中国技术工人产业链产生破坏性作用。发展职业教育,"治乱"已刻不容缓[2]。

在发展职业教育的同时,我们应该一手抓发展、一手抓整治。教育及劳动保障部门在正确引导职业教育发展的同时,应建立一套科学的评价体系,根据学校的教学设备设施、师资力量、办学规模、教学质量、学生就业率、学生和用人单位的满意度等严格审核各校的办学资格,有效监管职业学校办学方式,理性规划职业教育发展布局和资金投入,让一批有资质、有经验、有实力的机构和民间资本兴办职业教育,并配套相应的退出机制。职业教育还应执行计划招生,通过修改职业教育法,规范职业教育的招生、收费等行为。

二、发展过程中出现的腐败及地方保护主义问题

随着职业教育的升温,也滋生了一些教育腐败问题。不少职业学校夸大其词,先把学生招来再说。学校成立了由骨干教师组成的招生班子,一些老师的主要精力已从教学转向招生。有的新建职业学校索性把第一年的投入全部用于招生。据有关调查显示,招生回扣是中职学校抢夺生源的杀手锏,几乎每年都有大量中职学校前往各中学"治谈"招生,核心目标就是回扣。广西、湖南、江西等省区的"行价"是:每拉到一个学生就读,给予推荐老师 300～500 元的回扣,广东、江苏等省区的价格则高达 800 元/人,甚至有的职业学校每招一名学生就要付出两三千元的回扣,有的学校一年花在"买学生"上的钱达百万元之巨,而这些招生成本最后都转嫁

到在校学生头上。一些中学也"与时俱进",设置了推生办(即学生推荐办公室),美
其名曰是为学生推荐"好学校",实质上是为了学校"创收"。他们根据职业学校开
出的优厚条件来进行选择,将出价高的向学生"推荐",而出价低的学校就不向学生
宣传,没有回扣的学校就更不用说跟学生见面了[3]。

为整治职业教育招生中的腐败问题,去年,重庆市政府为严厉打击中职学校招
生中的不法行为,不仅出台了《进一步加强中等职业教育招生工作的意见》,采取
"四定"办法,严查中职买卖生源,整治招生秩序,全面规范中职学校招生过程管理,
还确定了由监察部门对中职招生工作实施监督,并首次将买卖生源行为纳入了商
业贿赂的治理范畴。虽然,自治区也下发了相关文件强调不准有偿招生,但由于监
管不力,起不到很好的约束作用。某学校去年因有所顾忌,收回扣有所收敛,招生
人数明显下滑,于是,今年又恢复了这一政策[4]。

与此同时,我们也看到了强烈的地方保护主义。为确保本地职教中心的生源,
有的县区一级教育部门往往采取与中学、职教中心"联手"的方式。具体办法是:
中考之前学校自行分流一部分成绩较一般的学生,以确保升学率;学校以帮助办
理中学毕业证书为条件,"动员"这部分学生报读当地职教中心;在职教中心报读
缴费之后,学生把收据或复印件交给学校,学校和职教中心才前往教育局办理毕业
证书。为了不让当地的学生到外地上学,有些地方政府甚至出台"红头文件"严禁
外地职业学校前来本地招生。这实际上就是一个暗箱操作,以"分流""动员"为名,
剥夺了学生和家长的自由选择权利,而仅仅是为达到教育部门"完成中职扩招"的
目标。地方保护主义既不利于教育发展,也不利于地方经济的发展。

因此,为避免职业教育招生中出现的腐败问题,我们应借其他省市的成功经
验,加大整治力度。对待违规者,不管是对中学,还是职业学校,一视同仁,出现一
例,坚决从速从严处理一例,并及时通报全区各所学校,以起警示作用。

三、发展职业教育与教育资源浪费的问题

一个值得注意的问题就是,发展职业教育不能搞"大跃进",不一定每个地方都
得建职业中学。如合浦县原县城有三所中职学校,即北海市合浦县卫生学校、钦州
市合浦师范学校、钦州市技工学校。三所学校均具有一定的历史和办学规模,两所
属国家级重点学校、一所省部级重点学校。但各校分属不同部门管辖:卫生学校
属北海市管辖、技工学校属钦州市劳动部门管辖、师范学校属钦州市教育部门管
辖。由于没有一所学校归合浦县管辖,合浦县于 2004 年新建了"合浦县第一职业
中学",致使钦州的两所学校陷入招生的困境。作为北部湾经济区桥头堡的沿海三
市仅有的一所公立技工学校、办学规模为 1200 人的省部级重点技工学校——钦州
市技工学校只有 400 多名在校生,不但跟不上北部湾的发展需要,同时也造成了教
育资源的极大浪费。

还有一个问题是,专业设置没有结合学校自身及当地实际,雷同专业多,如钦

州市几所学校所开设的专业大都相同,没有突出各所学校的特色。学校应该因地制宜,根据市场需求,结合自身实际及社会发展需求调整专业设置,打造特色,培养适销对路的人才,不断进取,稳步发展。

如今,在都市职业教育升温形势下,大批农村的孩子在这里学到了一技之长,成为合格的技术工人,不少与农业相关的技术学校被迫"关停并转"。之所以出现这种状况,一是绝大多数农村的孩子不愿意继续留在农村;二是目前职业教育的课程都是围绕着城市发展需要而设置,农村急需的农机维修、种植、养殖等专业,很多职业学校不设;三是各地担负培养农业人才的农技院校也开始向其他门类职业学校转型,如钦州市农业学校是广西沿海唯一的国家级重点农业学校,但几乎看不到如畜牧、农机专业,种养也少且不专。农技人员青黄不接、农业人才培养呈现后继乏人的局面,新农村建设将面临人才匮乏的尴尬境地。因此,我们在发展职业教育的同时要警惕农技人才空心化。近日,国家为进一步扩大内需、促进经济增长而出台的十大措施中,就有四大措施提到"农"字。我们更应该紧跟形势,防止职业教育发展对农业技术人才培养带来的冲击。

因此,各地在发展职业教育时,不管是新建学校,还是专业设置,都应结合当地具体实际,着眼于未来。特别是上级主管部门应加强审核,与各方协调,最大限度发挥教育资源优势。

四、关系不顺与体制不畅的问题

与发达国家的职业教育相比,我国职业教育体系尚不完善。尤其是职业学校的管理问题,如钦州市区有机电工程学校、财经中专、机械工业学校、农经中专、卫生学校、艺术学校、工业中专、民族干校、一职校、交通技工学校、商贸学校、职业技术学校、农业学校等 10 多所学校,各校的主管部门都不同,分别归属教育、劳动、财政、卫生、机械、农业等不同部门或企业主管,对学校缺乏规范、统一、有效的管理,不利于职业教育的发展。

一个亟待解决的问题是"管理体制不顺畅":分属教育和劳动管理部门的两套职业教育系统,各唱各的调,各拿各的腔。证书问题让很多职业学校头疼。劳动部门所辖学校出来的学生拿不到学历证,而教育部门所辖学校出来的学生又拿不到职业资格证,要想两证俱全,学生还得花钱去考[5]。

另一个问题就是属地管理问题。如前面提到的原在合浦县的北海市合浦县卫生学校、钦州市合浦师范学校、钦州市技工学校分别归属钦州市和北海市。特别是钦州两所学校,属异地办学,给学校的管理和发展带来诸多问题。令人欣慰的是,合浦卫校现已搬迁到北海市并更名,这将使学校走上健康发展的快车道。政府应牵头组织各市、各部门进行协调,进行必要的合并、重组或搬迁。

还有一个要害问题是就业准入制度执行不严。这几年,国家有关部门一直要求先培训后上岗,但没有得到落实,原因在于缺乏监控机制。一些学校的校长认为,造成这种局面的重要原因是部门利益使然。

五、结束语

综上所述,为了职业教育的繁荣发展及北部湾的经济建设,在不断加大资金投入和扩大职业教育规模的同时,我们还应积极拓宽办学渠道;积极协调各职业学校导入质量管理体系,提升培训质量和服务水平;积极扶持北部湾经济区产业工人本地化的工作。我们应全面整合北部湾经济区职业教育资源,通过调整、合并、重组、适当扩建,进行合理规划和布局,建设一批适应重点产业发展需要的职业教育培养基地;建立和完善职业院校毕业生就业和服务体系;建立统一的职业教育管理体系,进一步完善职业教育的建设和管理,对分属于不同部门的职业教育进行统一规范管理。

参考文献

［1］ 广西社科院数量经济研究所.《广西北部湾经济区 2008—2015 年人才发展规划》发布［DB/OL］.［2008-02-23］. http：//www. gass. gx. cn/html/1970/kycg_0101/945. html.

［2］ 千龙网匿名. 职业教育乱象丛生 专家:未来的中国制造谁来造［DB/OL］.［2007-04-12］. http：//news. sohu. com/20070412/n249377999. shtml.

［3］ 何丰伦,王骏勇. 中职教育混乱现状不容忽视［N］. 经济参考报,2006-09-13.

［4］ 余继军. 重庆严查中职买卖生源 重拳整治招生秩序［N］. 人民日报,2007-05-31.

［5］ 秀真.“证的”症结要解开职业教育亟待破解五大难题［J］. 职业技术,2007(13):56-57.

(来源:《大众科技》,2009.1)

增强大学创新意识,加速北部湾发展

韦相贵

(钦州学院,广西钦州,535000)

摘要 "创新"已成为21世纪的主旋律,它既是大学生成长的需要,也是北部湾发展的需要,更是大学发展的需要。

关键词 大学;创新意识;北部湾;发展

随着《广西北部湾经济区发展规划》获国务院批准实施以及钦州保税港区的获准建设,世界各大企业纷纷抢占先机,大项目纷纷落户北部湾经济区,北部湾经济区迎来了千载难逢的发展良机。北部湾经济区创新需求比历史上任何时候显得更迫切,比珠三角、长三角和环渤海湾经济区等其他经济区更迫切[1]。要实现北部湾经济区又好又快发展,要实现北部湾跨越式的发展目标,就必须坚持科学发展观,依靠科技创新,不断提高自主创新能力。

一、"创新"是大学生必备的素质

当今国际的各种竞争,说到底是创新人才的竞争。作为21世纪的大学生,将来不管是想就业,还是想创业,如想要有所作为、有所贡献,要想在未来的竞争中立于不败之地,就必须得学会创新。创新,是当代大学生必须具备的素质。

(一) 就业需要创新

近年来,大学生就业难问题日益突出。从各人才市场的大型招聘会不难看出,每次招聘会,动辄求职者上万,而最后能够和用人单位达成就业意向者却不多。有的同学说,我只要学习好,将来就不怕找不到工作。其实,当今企业用人更看重其创新能力,尤其在金融风暴中更显突出。

去年席卷全球的金融风暴,使不少企业纷纷"倒下"。但在面对冲击时,能坚持自主创新、拥有知识产权、掌握核心技术、创立品牌的中小企业,却有着较强的应变能力和抗风险能力。以高新技术企业为主的广州开发区,2008年以来50%以上的外资企业增资扩产,区内还没有一家企业倒闭[2]。

基金项目 教改项目钦学院发〔2009〕57号。

作者简介 韦相贵(1967—),男,汉族,广西桂平人,高级讲师,研究方向:机械制造与设计。

目前,全社会都十分注重大学生创新能力的培养和考察。但由于创新能力"看不见、摸不着",通常都是用学习成绩来作为评估。然而,南京理工大学人文科学院教授王汉清率领的课题组,通过为期 1 年的研究,得出了有悖于人们传统认同的"结论"——学习成绩基本不能反映创新能力[3]。因此,当代大学生不仅要把相关理论知识扎实学好,还应把所学的知识运用到创新中去,自觉地、有意识地加强自身创新能力的训练和培养,以适应社会的需求,这是大学生们面临的最大问题和挑战。

在经济全球化的背景下,当代大学生今后要面临的挑战将是国际化的。在这个以知识为主导的经济时代,科技的发展日新月异,人类的知识在创新中不断地扩充。怎样才能跟上时代发展的步伐?怎样不断地扩充与更新知识?关键在于学会创新。我们要想在今后的竞争中不被淘汰,就必须具备创新能力。很简单的道理:一个企业是不会雇用只会埋头干活而不会动脑子的大学生的[4]。可见,创新是当代大学生走出校园踏上社会的本钱。创新俨然已经成为当代大学生必须具备的一种素质。

(二)创业更需要创新

我国正在进入一个崭新的创业时代,与就业相比,更多的大学生对创业颇有兴趣。大学生创业已成为一个受社会普遍关注的问题。目前,大学生创业的热情异常高涨,但现实却是大学生创业失败率居高不下。据调查,目前大学生创业失败率高达 70%,而成功率只有 2%~30%[5]。

当下的大学生无论是思维的敏捷,还是视野的开阔,都远远超过上一代人。然而,大学生就业难,创业更难。创业的过程,就是有所发现、有所发明、有所创造、有所突破的过程。从无到有干成一番事业,离不开创造与创新,因此,创新是创业精神的核心[6]。创业不是做学问,不是坐而论道,它需要经验,需要较好的协调能力,需要较强的团队意识,更需要有较强的创新意识和创新能力,而在这些方面,大学生的差距也是较为明显的。

对于当代大学生来说,从进入大学校园的那天起,就是在不断学习知识、培养能力。我们应该怎样把所学的知识运用到创新实践中去,怎样才能具备创新能力,这是我们面临的最大问题和挑战。许多大学生都在这一方面给我们做了榜样:某大学自动化专业的几个研究生,运用自己所学的专业知识,结合生活实践,不断地探索,结果创造性地发明了自动洗狗机。这看似有趣的一个发明,却蕴含了他们许多智慧的思考。南京大学的一名本科生,利用自己所学的计算机以及自动化知识,创造性地发明了功能强大的残疾人轮椅,虽然有些技术还不是很成熟,可能不具备推向市场的条件,但这位大学生敢于创新,勇于把自己的新想法付诸实践的精神却十分值得我们去学习。

大学生创业现象的出现是社会经济快速发展和高等教育改革不断深入的结

果,尽管当前大学生创业面临创业的体制环境和政策环境尚不成熟、创业的物质基础尚不充足、个人素质尚待提高以及对市场运作规则尚不熟悉等诸多问题与困境,但其未来的发展路径是值得期待的。有了创新精神,就可以用创业来实现就业。只要具备了基本的创新能力,有一个好的基础素质,将来社会需要干什么都能干好[7]。因此,大学生要不断提高自己的创新意识和创新能力,为今后的创业做好充分准备。

(三)就业意识需要创新

当下,大学生就业难的话题,再次成为人们和社会关注的焦点和热点。长期以来,大学生都被看作"天之骄子",在这种氛围下成长起来的大学生对自己的定位也很高,体现在就业过程中,"有业不就"的现象并不少见。在城乡选择方面偏好大中城市,在地区选择上偏好东部发达地区;在就业部门与单位选择上,偏好政府机关、事业单位、垄断行业;在对就业与择业的认识上,存在"一步到位,终生不变"的观念,把初次择业看得过重等仍然是大学生不够理性的就业观念。虽然教育不是大学生就业难的唯一原因,但大学生就业意识的创新迫切需要教育思维的超越[8]。

随着我国高等教育由精英化教育向大众化教育迈进,以及社会对大学生需求的调整,就业竞争的加剧,大学生也必须调整自己的就业观念。在大学生供给日益增多的背景下,严峻的就业压力和就业刚性迫使学生放弃那些阻碍他们就业的观念。基层的广阔天地,蕴藏着无数的机会,大学生应该将就业的姿态放低,将人生的目标抬高,把到乡镇企业、到民营企业、到基层就业以及到农村、服务"三农"视为创业的起步、成才的开始,用所学知识为基层的群众服务,通过了解国情民意,积累才干,才能成功捕捉机遇。从各种媒体上我们也可看到不少关于大学生到乡企、到农村干出一番事业的成功例子。面对当前严峻的就业危机,国家更是出台了多项利好政策,鼓励大学生到基层、到农村。

二、"创新"是北部湾发展的需要

21世纪是一个知识经济的时代,知识经济的发展依靠新的发现、发明研究和创新,其中最核心的部分就是创新。因此,如何培养出具有创新意识和创新能力的创造型大学生,使他们有能力参与北部湾经济开发,并在竞争中立于不败之地,是北部湾各大学必须认真思考的问题。

(一)培养创新型人才,是大学最重要的使命。

如果说质量是大学的生命,创新就是大学的灵魂。正如中国人民大学校长纪宝成教授所说"大学应教给学生什么?是创新意识、创新思维、创新方法、创新能力。创新应是大学的办学理念,也是一所大学的灵魂。"如今我国正提倡努力构建一个创新型的社会。要构建创新型的社会就应以自主科技创新为核心,就要高度重视创新人才的培养。高等学校是培养创新人才的基地和摇篮,肩负着重要的历史使命。面对这样的历史使命,高校应全方位更新观念。

从席卷全球的金融风暴看,要提高企业素质和市场竞争力,就要坚持不懈地提高企业的自主创新能力。市场占有能力和抵御风险能力,只能来自"人无我有、人有我优"的核心技术。即使外围市场有所变化,核心技术也是不可取代的。这场金融危机给我国的主要启示之一,就是"中国制造"必须加快转型,大力发展自主品牌,以"中国创造"赢得市场[9]。如今国家正在为应对金融危机而出台的各相关行业振兴规划,强调较多的就是要创新。要实现国家的战略部署,大学责无旁贷。

一些有识之士认为:当下,学校教育追求分数至上,用人单位则看重能力,人才标准出现错位,这是造成大学生就业难的一个重要原因。更有人指出,在目前我国的高等教育中,对于知识、技能教授得多,但对大学生进行创新意识和独立创业意识的培养非常少。大学是创新人才培养的重要基地,学校教育是创新人才培养的核心因素,具有基础性和主导性的地位。加强对大学生的创新意识和创业意识培养,是目前大学教育亟须解决的一个重要问题。

培养创新型人才,是大学对建设创新型社会的重要贡献,是高水平大学建设的根本任务,对大学具有重大意义。大学加大培养创新型人才的力度,培养在校大学生的创新意识、创新能力,将直接关系到国家创新体系建设的进程,关系到中国特色社会主义事业的成败。高等学校的创新教育的成败,将直接关系到一所大学的兴衰与未来,也关系到每一个大学生将来的就业及其终身的发展。大学必须明确在创新人才培养成长中的职责,根据国家的需要和社会的需求,通过教学改革和建设,为创新人才的产生创造条件。大学只有把培养大学生的创新能力,作为教育改革的核心,提高大学毕业生的竞争意识、创业能力,真正培养出符合社会发展的创新型人才,才能使大学生在就业市场上拥有较强的适应和竞争能力;才能消除大学生就业难的困境,缓解大学生就业压力;才能使大学生充分发挥自己的创新意识和创新能力,为国家和社会做出贡献。

(二) 培养创新型人才,加快北部湾发展

人才培养、特别是创新型人才的培养将成为北部湾经济区开放开发成败的关键。没有人才难以承担北部湾经济区又好又快发展的历史重任、难以承担与东盟科技合作重任。尽快培养一大批高层次、创新型人才队伍,既是加快北部湾经济区开放、开发的重要内容,也是加快北部湾经济区开发建设、推动泛北部湾区域合作的重要保障。

地处北部湾前沿阵地的北部湾各大学肩负着难以推卸的历史使命,面临着千载难逢的历史机遇,同时也面临着前所未有的挑战。因此,我们应充分利用难得的区位优势和机遇,加大教学科研改革力度,积极承担与北部湾优势经济发展相关的重大科研项目;实施"北部湾英才"培养计划,建立创新激励机制,鼓励专业技术人

才开展科技创新和技术攻关,以培养年轻学术技术带头人和创新人才为重点,力争培养一批能够站在北部湾科技发展前沿、创新能力强、拥有自主知识产权的技术创新领军人才;不断调整教学内容、改革教学方式方法,培养具有创新素质的青年教师队伍,努力营造有利于人才培养、成长的良好政策环境和创新环境,进一步提升大学生的创新能力,加快创新型、复合型人才的培养步伐。

与国内外高水平大学相比,与创新型国家对人才的实际需求相对照,目前北部湾地区的一些大学所培养的人才的创新意识、创新精神和实践能力还需要极大加强;培养出的拔尖创新人才还严重不足;我们在培养人才的过程中,调动学生学习的主动性与创造性明显不够,对学生动手实践能力的培养还存在比较大的差距,等等[10]。面对机遇、面对挑战、面对差距、面对困难,我们必须奋起直追,并在"创新"上大做文章。

参考文献

[1] 贺根生. 北部湾经济区创新需求比珠三角更迫切[N]. 科学时报,2008-03-05.

[2] 新华社评论员. 珠三角中小企业倒闭真相调查[EB/OL]. (2008-11-25). https://finance. jrj. com. cn/2008/11/2520402866932-1. shtml.

[3] 况王居,林培. 大学生随机调查显示学习成绩好未必创新能力强[N]. 新华日报,2008-11-14.

[4] 创新:当代大学生必备素质[EB/OL]. (2008-09-28). https://www. taodocs. com/p-111774313. html.

[5] 胡炳俊. 高校创新教育. 欲破大学生就业困局[N]. 大河报,2007-04-16.

[6] 创业需要创新 创新必须务实:二论弘扬银川创业精神[EB/OL]. (2005-06-30). http:// finance. sina. com. cn/roll/20050630/1723167405. shtml.

[7] 徐光春. 建设创新型国家对大学生有重要意义[N]. 上海科技报,2007-05-27.

[8] 张志祥,高潮. 大学生就业意识创新:教育何为?[N]. 中国青年报,2007-05-27.

[9] 新华社评论员. 提高企业素质增强市场竞争力[EB/OL]. (2008-11-16). http://finance. sina. com. cn/review/20081117/13595515550. shtml.

[10] 周济. 创新与高水平大学建设[EB/OL]. (2006-07-25). https://www. docin. com/p-620932375. html.

(来源:《教师纵横》,2009.2)

校企共建高校实训基地，破解招人及就业难题

韦相贵

（钦州学院，广西钦州，535000）

摘要 通过对当前"就业难"与"招人难"并存的现状分析，提出"高校与企业合作共建实训基地"设想，对破解这一难题进行了探讨。

关键词 校企合作；实训基地；招工与就业

当前，在大学生面临"实习难""就业难"的同时，不少地方却出现了"用工荒""招人难"。"就业难"与"招人难"并存的现象引起了各种媒体、政府及社会各界的普遍关注，纷纷展开了相关的讨论。如何破解目前这一矛盾？ 如何才能让双方真正对接？ 成了讨论的热点与焦点问题。

一、现状分析

（一）用人单位招工现状

近年来，不少用人单位一直被"招人难"所困扰。一项调查数据显示，有近72%的企业在招聘之初就把眼光放在了具有相关工作经验的求职者身上，并且有60%的企业认为应届毕业生最突出的问题是实践能力薄弱，35%的企业认为是专业基础不扎实，企业常将那些拿着重点大学文凭的应届生拒之门外[1]。

用人单位在招聘人员时，要求大学生有"工作经验"，即希望"招之即来，来之能用，用之能胜"。这是完全可以理解。有些岗位的确是必须经过专门学习、有一定的经验才能上岗的。一位从美国回烟台创业的某电子科技公司经理招聘的嵌入式Linux 工程师以及 Android 工程师，公司培训合格上岗后年薪是 8 万元，却无应聘者[2]。人才难招导致了不少海外留学人员不愿回来创业。但有些工作本来都很简单，只要稍作培训就能上岗的职位，明明应届生就可以干好的事，用人单位却不愿在人才培养上支付成本，不愿付出一点点精力去培训，而是直接把绣球抛向了"招之即来，来之能用"的熟练工。

据一家调查公司的数据，目前我国仅有 11.7% 的学生有实习经历[3]。僧多粥

基金项目 教改项目钦学院发〔2009〕57 号。

作者简介 韦相贵(1967—)，男，汉族，广西桂平人，高级讲师，研究方向：机械制造与设计。

少、"招人难"就不足为奇了。即便如此,目前我国仅有 5％左右的企业为学生提供实习机会。所谓的"招人难"的困境也就体现在这里。如果大家都不愿意去付出,不愿意给新手机会,哪来那么多现成的人才供你选?用人单位却不愿给大学生们提供实习的机会,学生只能待在学校里学习书本知识,无法接触实践、接触社会,试问"工作经验"从何而来?

(二)大学生就业现状

当前,与企业所面临的"招人难"形成鲜明对比的是大学生"实习难""就业难"。大学生"就业难"的问题,不仅牵动着家庭、也牵动着整个社会。今年大学毕业生将有 660 多万人[4],加上往年没找到工作的,大学毕业生就业问题将会更严峻。

近年来,不少用人单位都要求大学生"有工作经验",而大学生们由于在学校里学的大多是理论知识,对社会实践涉及不多,自身操作能力不强,工作动手能力差,导致了多数求职大学生缺少所谓的"工作经验",令大学生们找工作压力越来越大。有些大学生把到商场售货、到饭店端盘子也算作实习和"工作经验";缺乏工作经验的应届毕业生为了获得工作机会不惜自降薪酬[5];有些大学生为了被录用而自愿接受"零月薪",更有甚者是一些大学生花钱购买职场经验。2010 年,一篇《大学毕业生千元买职场经验》的帖子在各大网络论坛上引起了网友热议[6]。

为了应对当前大学生就业难的严峻形势,国务院及有关部门和地区出台了一系列政策措施[1]:①鼓励和引导高校毕业生到城乡基层就业,建立一整套高校毕业生入伍服义务兵的基本制度;②大力发展全日制专业学位硕士研究生教育;③骨干和科研项目单位积极吸纳和稳定高校毕业生就业;④支持高校毕业生自主创业,强化高校毕业生创业指导服务。这些就业促进政策对大学生严峻的就业形势起到了一定的缓解作用,但还不能从根本上解决我国大学生劳动力市场的供需矛盾。目前大学生"实习难""就业难"这种现状,值得校企双方及有关部门进一步深入研究。

二、校企合作,破解难题

面对当前大学生"实习难""就业难",而用人单位却是"用工荒""招人难"的矛盾。加强校企合作,强化校企合作的深度和广度,共建高校实训基地,让"合适人才"与"合适岗位"对接,将是打破"经验"瓶颈、化解"企业招人难"及"大学生就业难"这一供需矛盾的有效途径。

(一)转变观念,共建高校实训基地

目前,许多企业都想招"有经验"的人员,却由于各种原因不愿给学生提供实训基地、实习机会;都想提高经济效益,却不想在人力培养上花一点代价。《中国青年报》2009 年 3 月 19 日就刊登了一篇题为"目前我国仅有 5％的企业提供实习机

会,远远落后于发达国家"的调查报告。通用电气(中国)有限公司人力资源部总监王晓军曾表示[3]:"要在短短的几天甚至是几个小时里对毕业生做出细致、准确的评估比较难,一段时间的实习工作则可以看出一个人是否具有潜力。"企业不能"招工只为了解决企业的用工荒",还需要有长远的战略眼光,在"人才培养"上要舍得投入,把与高校共建实训基地作为"最早期发现人才"的机会。通过与高校共建实训基地,学生在实习中接触、认识、了解企业的生产及运作,经过思考,发现及提出生产上存在的问题,并从书本及学校里寻找解决问题的方法,进而为提高企业的生产效率和经济效益提出更多可参考的方案。给大学生提供实习机会,对用人单位而言也不是单向付出,而是一件"有利可图"的事。接受大学生实习,便于用人单位提前介入高校毕业生选拔,是发现人才、储备人才的有效渠道。

目前高校在学生培养过程中,也存在着不少问题。高校大多只强调学历,对创建研究型大学抱有极大的热情,却忽略了大学生的实践能力培养,重理论轻实践,导致高校教学活动与企业的实际需求脱离,导致大学生所学理论与实际脱离,导致高校毕业生技能达不到用人单位要求。实际上,大学生的就业能力在十几年前就引起了一些发达国家的高度重视,并将促进学生就业能力列为大学教育改革的主要目标之一。而我国高校对学生就业能力的培养显然远远不够。《中国就业报告》[7]的一个课题组通过调查,认为:中国高等教育培养体系缺乏必要的就业市场需求导向,就业能力培养目标不清晰,学生对企业的实际需求缺乏了解,在此基础上培养出来的大学生在知识和技能结构上与人才市场的需求存在差异。

学非所用,用非所学,这是屡见不鲜的"错位"[8]。因此,企业和高校双方要统一认识,要转变与时代发展不相适应的观念,找准切合点并加强相互间的合作。实践证明,企业生产发展离不开教育的"人力支持",教育发展也离不开企业技术的"动力源泉"[9]。校企共建高校实训基地,将给大学生们提供更多的实践机会,来磨合"学"与"用";校企共建高校实训基地,有利于实现合作双方"零距离"对接。

(二)优化教学体系,实现校企无缝对接

我国教育体制改革相对滞后,导致高校培养的毕业生不能完全适应市场与社会发展的需要。2007 年,一项对北京市大学生就业劳动力市场需求的调研显示,市场对大学毕业生的就业能力有较高的期待[7]:60%的被调查企业反映应届大学毕业生到岗工作的实际知识应用率不足 40%,反映出大学在专业设置、能力培养、课堂知识方面存在比较大的问题;30%的被调查大学生反映在校学习的知识离市场需求很远;30%的学生用"所学陈旧"来形容他们大学四年的收获。为使学生能学以致用并满足企业的要求,为使高校能培养出满足社会经济发展实际需要的专业技术人才,为使企业能持续发展,校企双方就需要加强合作,优化教学体系,并在专业设置及课程体系等方面不断改革,才能实现校企的无缝对接。

专业设置方面,高校与企业双方应加强研究,充分利用实训基地的建设,结合

企业的未来发展方向及人才需求,共同研究商定相应专业的设置,使专业能与岗位相对接,使高校培养的大学生从"现货"向"期货"转变,改变企业"即缺即用、即招即用"的传统引才模式,从而保证企业发展过程中各时期所需人才,保证企业的持续快速发展,也保证了大学毕业生的就业。

课程体系方面,校企双方应建立并完善市场调研制度,以就业岗位为导向,以技术应用能力为核心,共同合作进行课程设计,使课程体系更具开放性、适应性、先导性,以更好地培养社会需要的人才。基于企业的生产过程,构建新的课程体系,重视课程实施模式的创新,保证学生有充分的实践训练的机会,突破以课堂为中心的教学模式,突破教学时空的局限,使教学与实践紧密结合;根据专业特点确定专业核心课程并加强核心课程的建设,以学生为主体,采用灵活的教学模式,使学生掌握就业所需的理论知识和基本技能;为了突出对学生能力的培养,体现知识、能力、素质的案例与渗透,以提高大学生基本素质和增强专业综合工作能力为目标,以高校本科专业基础课和通识课程的教学计划为基础,设置"企业学分"选修课,实现学生专业知识与定向就业能力的结合[1];根据各课程的特点,充分利用实训基地的建设,大力推行"现场教学、讲练结合、精讲多练"为主要形式的"教学一体化"的教学模式,便可以让学生在最短的学习时间内学到更多有用的知识,而且能挤出更多的时间来充实实践教学环节,培养学生的技术应用能力[10]。

(三) 完善制度,实现校企双赢

有关调查显示[3]:占到全国企业总数的 99% 以上、吸纳 75% 以上从业人员的中小企业却很少对大学生开放实习机会。企业之所以不愿给大学生提供实习的机会,与高校共建实训基地的积极性不高,与相关制度建设不健全有很大关系,抱着"多一事不如少一事"的想法[11]。一些企业担心为大学生提供实习机会可能带来诸如"实习生遭遇意外伤害的赔偿问题"等不必要的麻烦,还有一些企业担心接纳实习生会带来相应的管理问题。因此,高校与企业合作共建高校实训基地,还需要有较为完善的制度。

首先,国家有关部门应从保护实习生和接纳实习生企业的角度,出台如"实习生工伤保险制度"等相关的法规或规章,为高校、企业及实习生三方提供一个法律依据,以明确责权,保障各方的合法权益;通过税收减免政策,鼓励企业接纳大学生实习,并使之成为一种常规行为;强化知识产权保护制度和建立泄密责任追查制度,避免因大学生实习可能给企业带来的商业风险等。只有建立完善的制度,才会有更多的企业愿意为大学生敞开实习大门,大学生才能拥有越来越多的实习机会[11]。

其次,还必须建立并完善促进大学生实训的长效机制。校企双方应加强协商,结合企业的生产和发展及实训基地的条件共同制订学生实训计划,统筹协调好实训基地建设问题、指导老师问题、学生实训内容及时间问题、学生实训期间的管理问题等各种问题,才能更好地解决大学教育与社会实践脱节的矛盾,才能有效提高大学生的实践能力并促进大学生就业,才能为企业提供优秀的适合人才并促进企业的快速发展,才能最终实现校企"双赢"。

三、结束语

"校企合作"是将企业实践与高校课堂学习这两种截然不同的教学活动有机地结合起来,使大学生在毕业前有机会参与生产实践活动,更好地为企业、为社会服务。校企合作,共建高校实训基地,不仅能有效破解当前"就业难"与"招人难"的矛盾,而且对高校、大学生与企业各方都是非常有益的举措。有关各方加强研究,共同探讨校企合作的最佳方式,探讨办学的规律,深化教育教学的改革,有助于推进教学质量管理体系的建设,有助于推动校企深度融合,有助于促进整个社会的和谐发展。

参考文献

[1] 黄凌子,颜烨弘.缓解大学生就业难题的新途径[J].丽水学院学报,2011(2):119-124.

[2] 年薪八万的岗位无人问津[DB/OL].(2010-10-25).http://bbs.xy.club.sohu.com/20101026/n276448103.shtml.

[3] 李颖.目前我国仅有5%企业提供实习机会 远远落后发达国家[N].中国青年报,2009-03-19(02).

[4] 谢登科,王宇,陈玉明.解读政府工作报告关键数据[DB/OL].(2011-03-05).https://www.docin.com/p-513994203.html.

[5] 李莉,安旭东.大学生首场招聘今开场 为求工作机会学生自降薪[N].北京晚报,2010-10-21.

[6] 杨博智,欧晓敬.千元买职场经验[DB/OL].(2010-06-23).http://hunan.voc.com.cn/article/201006/201006230813315990.html.

[7] 李斌.中国就业报告称政府允许大学破产是迟早的事[N].中国青年报,2010-06-24(04).

[8] 张俊卿.强化实习机制是积极的探索[N].光明日报.2009-02-18(06).

[9] 周芯竹.校企合作实现学校企业需求"零距离"的探索和思考[DB/OL].[2012-04-23].http://www.doc88.com/p-190102714876.html.

[10] 靳贺玲,秦姝.优化课程体系,培养高等技术应用型人才[J].长春理工大学学报,2011(2):3-5.

[11] 艾才琴.大学生实习需要制度保障[DB/OL].(2009-03-20).https://www.edu.cn/edu/shi_ye/news/200903/t20090322_367228.shtml.

(来源:《出国与就业》,2011.8)

基于北部湾经济发展的人才培养研究

韦相贵

（钦州学院，广西钦州，535000）

摘要　目前，北部湾经济及区域内各高校都驶上了快速发展快车道。本文就北部湾的经济发展过程中如何解决人才培养问题，结合区域内高校共建实训基地问题，从"实训基地与生产基地结合、校园文化与企业文化结合、专业设置与职业岗位结合、课程设置与生产实际结合、科研项目与企业发展结合"5个方面进行了探讨。

关键词　北部湾；产业发展；校企合作；人才培养

北部湾产业的迅猛发展，急需一大批技术人才，而所需人才的培养有赖于区域内各高校的支持。各高校要满足北部湾的发展要求，则有赖于产业协同解决学生实训基地建设问题。基于这一现状，如何更好、更快地建设高校实训基地，进而培养出更多适合北部湾发展所需的人才？是值得各方探讨的问题。

一、实训基地与生产基地结合

随着中国的崛起，社会上出现了"企业招不到合适人才，大学生找不到合适工作"的矛盾。于是，中华大地上又出现了一种新的现象：一方面中国的企业开始筹办大学，如吉利大学、金蝶顾问学院、携程大学等；另一方面，中国的高校也开始办企业，如北大方正、北大同方、清华同方、清华紫光、南开戈德、天大天财等。无论是企业办校，还是校办企业，都遇到了"如何让学校教育和企业需求有效结合""如何创新发展高等教育"等根本性难题。

不经过实际项目训练，想要适应技术工作是远远不够的。为使学生有更高的起点，并在就业过程有更强的竞争优势，高校实训基地的建设，不能只停留在局部学科的实验验证环节上，不能只为学生提供有限的实践教学，而应与企业就"如何建设实训基地"共同展开探讨并深入合作，不断强化实践教学环节，设法为北部湾产业发展培养出急需的创新型、实用型、复合型高素质人才。学生经过一段时间在实训基地的实习，应安排到生产基地进行顶岗实习，让学生快速地适应企业、车间

基金项目　教改项目钦学院发〔2009〕57号。

作者简介　韦相贵(1967—　　)，男，汉族，广西桂平人，高级讲师，研究方向：机械制造与设计。

的工作模式与要求,并将理论与实践紧密结合、将课堂中学到的知识转化为能力。实训基地与生产基地结合为大学生提供了较好的就业前的岗位培训,实际上就是实践教学环节与岗前培训的结合。这必将大大提高学生们的就业能力,顺利实现就业。从而实现了学生毕业与就业之间的无缝连接,也是培养应用型人才的必经之路。

二、校园文化与企业文化结合

文化底蕴和企业、学校的发展是相辅相成、相互促进的。企业文化是责任文化,强调责任感,更侧重于结果;校园文化是一种研究性文化,追求的是理性、品味,具有高雅、含蓄、内敛等特点[1]。企业的发展可通过其办事效率、员工的言行举止、员工的精神风貌、企业的管理制度等得以反映,如北大方正、清华同方、海尔、联想等企业。同样,学校的发展也可通过其学风、校风、教风、学术研究等得以反映,北大、清华等名校正是因为其浓厚的文化而闻名中外。

因此,在建设高校实训基地的同时,要努力推进校企合作的纵深发展,实现企业文化与校园文化的相互渗透、有机融合,在岗位设置、生产方式、技术标准、管理规范等方面加强建设力度,加强在教学、生产、管理、规章制度、品牌意识等方面的实训基地内涵建设[2],进而不断提高大学生的综合素质。首先,将实践教学活动与企业文化相结合。通过实训基地的实践教学,把企业文化的核心内容贯穿于整个实践教学活动之中,灌输到每个学生的思想之中,让学生在教学活动中感悟到企业价值观念并化为自觉的行为,让学生在实训中发现问题、分析问题并解决问题的能力得以提升,让学生切身感受了解企业对员工和岗位的要求,以缩短学生到工作岗位的适应期,实现从学生到员工的无缝对接。其次,在校园文化建设中,结合高校自身的办学特色有针对性地引入企业文化,开设企业文化课程,进一步丰富、拓展校园文化建设的内容。通过进行团队素质训练、职业规划、技术创新竞赛等,加强对学生进行诸如爱岗敬业、团结协作精神以及诚信、创新意识的培养,让学生感悟企业的文化、形成合作精神、发挥创新能力,以达到企业对职业素养的要求。

三、专业设置与职业岗位结合

2007 年,一项对北京市大学生就业劳动力市场需求的调研显示,市场对大学毕业生的就业能力有较高的期待[3]:60％的被调查企业反映应届大学毕业生到岗工作的实际知识应用率不足 40％,反映出大学在专业设置、能力培养、课堂知识方面存在比较大的问题。为使学生能学以致用并满足企业的要求,为使高校能培养出满足北部湾产业发展所需要的"创意型、创新型、创造型、创业型"专业技术人才,高校应充分利用与企业共建实训基地的契机,结合北部湾区域内各企业的未来发展方向及人才需求,加快专业调整步伐,及时做出专业调整,优化现有主干专业,取消或合并一些弱势学科,力求与市场吻合,培养相关产业发展急需的技能型人才。

如地处北部湾核心工业区的钦州学院就顺应北部湾发展需求,及时调整教学观念,设置了紧贴北部湾产业发展的航海技术、轮机工程、海洋科学、水产养殖学、轮机工程技术、水产养殖技术等涉海专业,以及与北部湾产业发展密切相关的机械工程及自动化、食品加工技术、精细化学品生产技术、食品加工技术、化学工程与工艺、油气储运工程、食品科学与工程、物流管理、国际经济与贸易、自动化等专业。

专业的设置还要实现校企深度合作,实现专业与岗位相对接,使高校培养的大学生从"现货"向"期货"转变,改变企业"即缺即用、即招即用"的传统引才模式,从而保证企业发展过程中各时期所需人才,保证企业的持续快速发展,实现校企的无缝对接。如钦州学院就结合专业方向及岗位设置了食品科学与工程(海产品储运与加工)、化学工程与工艺(石油化学工程)、机械工程及自动化(港口机械工程)、海洋科学(海洋生物制药)、物流管理(港口物流)、地理科学(海洋遥感与信息处理)、国际经济与贸易(保税港区经济)等与就业岗位密切相关的专业(方向)。

为进一步推进北部湾区域经济发展和产业结构的调整、优化升级,校企双方还应充分利用实训基地的建设,整合办学资源,积极探索合作办学的模式。钦州学院根据北部湾产业发展实际,在调整优化专业设置和布局的同时,与钦州港务集团开展了"菜单式、订单式"人才培养的合作,为企业"量身定做"急需人才,培养企业发展急需的应用型人才,实现了校企间的"互利共赢"。

四、课程设置与生产实际结合

学非所用,用非所学,这是屡见不鲜的"错位"[4]。对于高校实训基地的建设,校企双方要以教育活动的核心——课程设置为中心展开合作。校企应建立并完善市场调研制度,以就业岗位为导向,以技术应用能力为核心,结合学校实际及北部湾产业特点共同合作进行课程设计,"量身定制"课程体系,使课程体系更具开放性、适应性,不断提高毕业生技能和岗位适应能力,以更好、更快地培养出北部湾发展所需要的人才。

基于北部湾产业发展而构建新的课程体系,要重视课程实施模式的创新,保证学生有充分的实践训练的机会,要突破以课堂为中心的教学模式,突破教学时空的局限,使教学活动与北部湾产业实际紧密结合:根据专业特点确定专业核心课程并加强核心课程的建设,以学生为主体,采用灵活的教学模式,使学生掌握就业所需的理论知识和基本技能;课程的设置要突出对学生"动手能力、创新意识"的培养,体现知识、能力、素质的事例与渗透,以提高大学生基本素质和增强专业综合工作能力为目标,以高校本科专业基础课和通识课程的教学计划为基础,设置"企业学分"选修课,实现学生专业知识与定向就业能力的结合[5];根据各课程的特点,充分利用实训基地的建设,大力推行"现场教学、讲练结合、精讲多练"为主要形式的"教学一体化"的教学模式,便可以让学生在最短的学习时间内学到更多有用的知识,而且能挤出更多的时间来充实实践教学环节,培养学生的技术应用能力[3];

开发构建以生产任务为导向的课题体系,使课题紧扣北部湾产业发展特点;组织开发、编写适合区域内产业发展要求的专业教材,突出专业技能和岗位作业标准的训练,并将区域内的实际案例融入教学活动中,实现"理论知识与实践知识"的整合;从课程结构、课程内容到教学方法、课时安排都围绕着北部湾产业特点而设置,使学生在教学活动中潜移默化地融入北部湾发展之中。

五、科研项目与企业发展结合

高校科研绝不能关在象牙塔里,不能游离于国民经济和社会发展的进程之外,要将主要精力面向经济建设和社会进步的主战场[6]。探索中国高等教育的改革之路,推进高校产学研合作教育的纵深发展,是北部湾区域内各高校和相关企业必须共同面对的重要课题。通过课题合作、学术交流、举办论坛、互访培训等形式,广泛开展研究合作,推动理论创新,实现人才科研成果共享,发挥规模效应。通过产学研合作,使高等教育中的"学"和"研"与企业的"产"有机地结合,不仅能提高师生的自身能力,也能有效提升企业的生产效率和产品质量,真正实现人才培养,资源共享,校企双赢。

北部湾区域内各高校和企业相关部门应联合组建一个强有力的组织领导机构,构建校企产学研合作组织协调保障体系,深入推动产学研合作:一是建立科研项目共同研究制度,以科技成果转化为内容,以创造经济效益和产业发展为目标,共同遴选与北部湾产业发展密切相关的课题并进行课题攻关;二是尽快实现各高校的"办学特色",通过与区域内相关产业构建的合作平台,建立高新技术产业、海洋产业、生物产业、电子信息产业、新能源产业等产业的专门科研机构,尽快开发具有自我知识产权的高科技产品,进一步提升高科技在北部湾产业发展中的作用;三是加大科研经费的投入,由高校和企业共同出资设立科研基金,用于资助相关课题的研究,实现利益共享;四是建立合作激励机制,对在科研工作中取得重大突破、为北部湾产业发展做出突出贡献的科研机构及个人予以重奖,以进一步调动科研人员的积极性;五是在产学研合作中,要兼顾技术应用型人才的培养,让更多学生主动参与或主持各种相关研究活动,培养学生的技术应用能力、创新能力、就业竞争能力等综合素质,为北部湾产业发展储备科研人才。

六、结束语

随着广西北部湾经济区的开放开发全面提速,各产业人才需求旺盛。区域内各高校应依托北部湾经济区内的临海重化工业、海洋产业和高技术产业、现代服务业等重点发展产业,加强与各企业的合作,共同建设好高校实训基地,打造好大学生实训平台,为区域内大学毕业生提供实习锻炼的机会,以增强大学生对工作岗位的适应性,尽快改变北部湾人才匮乏现状,为北部湾产业发展做好紧缺人才储备,为北部湾经济区的发展提供持续有力的智力支撑。

参考文献

［1］蔡志恩,温天山.高职职业文化：校园文化与企业文化的融合积淀［J］.漳州职业技术学院
学报. 2007(4)：124-126.

［2］王士林,张志斌. 建设企业文化和校园文化相融合的实训基地文化［J］.商场现代化.
2008(24)：317-318.

［3］李斌.中国就业报告称政府允许大学破产是迟早的事［N］.中国青年报,2010-06-24(04).

［4］张俊卿.强化实习机制是积极的探索［N］.光明日报,2009-02-17(06).

［5］黄凌子,颜烨弘. 缓解大学生就业难题的新途径［J］.丽水学院学报.2011(2)：119-124.

［6］郑晋鸣,陆金玉.高校不能端着金碗讨饭吃［N］.光明日报.2010-12-12(03).

（来源：《老师纵横》,2009.5）

校企合作与高校实训基地建设研究

韦相贵

（钦州学院，广西钦州，535000）

摘要 以钦州学院为例，结合钦州市发展现状从各方面进行了分析和探讨，对"校企合作与高校实训基地建设研究"进行论述，提出"构建校企合作平台，促进高校与地方经济的共同发展"的构想。

关键词 校企合作；实践教学；实训基地

引言

飞速发展的钦州令世人瞩目，全国政协主席贾庆林在第七届中国-东盟博览会上参观钦州展厅时，称赞"用钦州速度创造了北部湾奇迹"。在机遇面前，钦州却面临着人才严重匮乏的困境，并将成为制约钦州乃至北部湾经济区经济社会发展的"瓶颈"。钦州亟须解决钦州经济快速发展带来的人才匮乏的问题，而钦州学院也亟须解决"办学思路、办学观念、办学特色、人才培养模式、专业结构调整"等诸多问题。如何深化校企合作，进一步增强学生的社会实践能力和职业技能，培养出符合北部湾发展需要的应用型、创新型人才？

一、探索"订单式"的人才培养模式

钦州市经济的快速发展，对人才培养的规模和质量提出了更高的要求，以学校和课堂为中心的教育人才培养方式已经明显不能适应新形势下用人单位"零距离"上岗的需要。而在高等院校，特别是如钦州学院这样一些刚升本的高等院校，由于缺乏与企业合作和实训基地建设方面缺乏相关研究，使大学毕业生不能有效与企业对接。要实现毕业生与企业的"零距离"对接，探索"订单式"的人才培养模式是当务之急。

"订单式"人才培养模式为解决高校毕业生就业难问题提供了很好的思路，对学校的学科建设有很大的促进作用，使学校的学科建设和培训机制能够更好地与就业接轨，更进一步实现"零距离"上岗[1]。校企双方应积极开展"订单式"人才培

基金项目 教改项目钦学院发〔2009〕57 号。

作者简介 韦相贵（1967— ），男，汉族，广西桂平人，高级讲师，研究方向：机械制造与设计。

养模式的探索,并不断完善各项合作制度,加快实施"订单式"人才培养的步伐,设法提高大学生的实践能力,以适应学院及钦州经济高速发展的需求。校企双方共同成立"订单式教育"领导机构,并设置专业建设委员会、教学指导委员会,对专业种类的设置、招生人数和采用的培养方案进行深度研讨,根据各产业的人才需求制订人才培养计划,在专业设置、教学模式、教学内容方法等方面不断改革创新,培养出钦州乃至北部湾发展需要的人才。

二、将"学"与"产"和"研"有效结合

推进高校产学研合作教育的纵深发展,是钦州学院和钦州市及各相关企业必须共同面对的重要课题。通过课题合作、学术交流、举办论坛、互访培训等形式,广泛开展研究合作,推动理论创新,实现人才科研成果共享,发挥规模效应。通过产学研合作,使高等教育中的"学"和"研"与企业的"产"有机地结合,不仅能提高师生的自身能力,也能有效提升企业的生产效率和产品质量,真正实现校企双赢。校企双方应联合组建一个强有力的组织领导机构,深入推动产学研合作:一是产学研合作教育,以提高学生综合素质和职业能力为内容,以培养技术应用型人才为目标,培养学生的技术应用能力、创新能力、就业竞争能力等综合素质,为企业进行员工培训和培养后备人才;二是建立科研和课题共同研究制度,以科技成果转化为内容,以创造经济效益为目标,共同遴选合适的课题并进行课题攻关,让更多学生主动参与或主持各种相关研究活动,运用所学的知识和技能,解决企业生产中出现的问题;三是共建学生实训基地及实验室,共同协调安排学生的各种实习,共建双师型教师队伍;四是尽快实现钦州学院的"办学特色",通过合作平台,建立专门科研机构,特别是高新技术产业、海洋产业、电子信息产业、新能源产业、生物产业等产业的研究机构,开发有自主知识产权的产品,进一步提高科技在产业发展中的贡献力。

三、优化教学体系

我国教育体制改革相对滞后,导致高校培养的毕业生不能完全适应市场与社会发展的需要。2007年,一项对北京市大学生就业劳动力市场需求的调研显示,市场对大学毕业生的就业能力有较高的期待[2]:60%的被调查企业反映应届大学毕业生到岗工作的实际知识应用率不足40%,反映出大学在专业设置、能力培养、课堂知识方面存在比较大的问题;30%的学生用"所学陈旧"来形容他们大学四年的收获。要使高校能培养出满足社会经济发展实际需要的专业技术人才,只有校企双方加强合作,优化教学体系,并在专业设置及课程体系等方面不断改革,才能实现校企的无缝对接。

专业设置方面,校企双方应充分利用实训基地的建设,共同研究满足钦州发展所需专业的设置,要结合企业的未来发展方向及人才需求,及时做出专业调整,力求与市场吻合。同时要加大对口专业建设力度,培养相关产业发展急需的技能型

人才；要优化现有主干专业，取消或合并一些弱势专业，调整教师教学、科研的时间分配；要实现专业与岗位相对接，使高校培养的大学生从"现货"向"期货"转变，改变企业"即缺即用、即招即用"的传统引才模式。从而保证企业发展过程中各时期所需人才，保证企业的持续快速发展，保证大学毕业生的就业。

课程体系方面，校企双方应建立并完善市场调研制度，以市场需求为出发点，以就业岗位为导向，以技术应用能力为核心，共同合作进行课程设置，使课程体系更具开放性、适应性、先导性，更好地培养社会需要的人才。基于企业的生产过程，构建新的课程体系，应重视课程实施模式的创新，保证学生有充分的实践训练的机会，突破以课堂为中心的教学模式，突破教学时空的局限，使教学与实践紧密结合；根据专业特点确定专业核心课程并加强核心课程的建设，以学生为主体，采用灵活的教学模式，使学生掌握就业所需的理论知识和基本技能；为了突出对学生能力的培养，以提高大学生基本素质和增强专业综合工作能力为目标，以高校本科专业基础课和通识课程的教学计划为基础，设置"企业学分"选修课，实现学生专业知识与定向就业能力的结合[3]；根据各课程的特点，充分利用实训基地的建设，大力推行"现场教学、讲练结合、精讲多练"为主要形式的"教学一体化"的教学模式，便可以让学生在最短的学习时间内学到更多有用的知识，而且能挤出更多的时间来充实实践教学环节，培养学生的技术应用能力[4]；根据企业的需要，共同组织编写具有企业特点的专业教材，突出专业技能和岗位作业标准的训练，不断提高毕业生技能和岗位适应能力。

四、结束语

钦州学院要发展必须与钦州要发展相结合，构建校企合作平台，从科学发展的战略高度找准结合点，积极探索校企合作人才培养新模式，将有利于人才的培养，实现合作双方"零距离"对接，为钦州科学发展与跨越发展提供强有力的人才支撑[5]；有利于钦州市委、市政府提出的"强科教"发展方略，实现钦州市和钦州学院的共同目标——筹建北部湾大学，促进高校与地方经济的共同发展。

参考文献

[1] 翁兴旺，陈熙，宋燕辉. 浅谈"订单式"人才培养模式[J]. 继续教育，2011(2)：40-42.

[2] 李斌. 中国就业报告称政府允许大学破产是迟早的事[N]. 中国青年报，2010-06-24(04).

[3] 黄凌子，颜烨弘. 缓解大学生就业难题的新途径[J]. 丽水学院学报，2011(2)：119-124.

[4] 靳贺玲，秦姝. 优化课程体系，培养高等技术应用型人才[J]. 长春理工大学学报，2011(2)：3-5.

[5] 陆崇林，杨春莲. 积极探索人才培养新模式，确保校企合作取得新成效[N]. 钦州日报，2011-03-25(A7).

（来源：《中国科技纵横》，2011.11）